Traumhochzeiten feiern

Marlene Weinmann

Traumhochzeiten feiern

Ideen & Tipps für Freunde, Eltern und Verwandte

Weltbild

Inhalt

Hochzeitsbrauchtum

Eine sorgfältige und rechtzeitig begonnene Planung ist das A und O einer rundum gelungenen Hochzeit.

Die Hochzeitszeitung

Die passenden Worte

Das Hochzeits-Management

Das Festprogramm

Hochzeitsgeschenke

Ein guter Auftritt

Wie schön, wenn das junge Paar bei der Organisation und Durchführung des großen Fests auf die Unterstützung von Freunden bauen kann.

Hochzeitsbrauchtum

Der Bund fürs Leben hat in den letzten Jahrzehnten zweifelsohne einen tief greifenden Bedeutungswandel erlebt: Immer mehr Paare entschließen sich, auf das Jawort zu verzichten und ohne Trauschein zusammenzuleben, und die Zahl der Ehen, die vom Scheidungsrichter wieder gelöst werden, steigt beständig. Und so möchte man meinen, dass auch Hochzeitsbräuche an Bedeutung verloren haben und von der jahrhundertealten Volkskultur nur noch kümmerliche Reste geblieben sind. Doch das Gegenteil ist der Fall: Alte Traditionen rund ums Heiraten erleben momentan eine beachtliche Renaissance.

Auf Rosen gebettet

Wie groß der Wunsch der Brautpaare nach Symbolen und Ritualen ist, zeigt sich an der verblüffenden Vielfalt an Aktivitäten und Bräuchen, wobei zwei scheinbar gegenläufige Tendenzen zu beobachten sind: zum einen das Streben nach Individualität und zum anderen der Wunsch nach Tradition.

Nachdem traditionelle Brautkleider und Hochzeitsbräuche in den 70er-Jahren mehr als passé und nahezu tabu waren, kam im folgenden Jahrzehnt wieder nach und nach Romantik auf. Ganz besonders nach der medienwirksamen Hochzeitszeremonie des britischen Thronfolgers mit Lady Diana Spencer im Jahre 1981 waren

klassische Hochzeiten wieder en vogue, fanden üppige Brautkleider im Stil des späten 18. und frühen 19. Jahrhunderts reißenden Absatz. Tendenz steigend: Heiraten wie in der »guten alten Zeit« ist heute so gefragt wie noch nie, und im Hochzeitsbett erwarten die frisch getrauten Paare wieder Rosenblätter …
Nachfolgend ein Streifzug durch das zum Teil über Jahrhunderte tradierte Hochzeitsbrauchtum: Manches aus diesem bunten Reigen sollte der Fruchtbarkeit des jungen Paares dienlich sein, anderes hingegen bösen Zauber von ihm fern halten, und vieles war einfach reiner Ulk.

Scherben bringen Glück – der Polterabend

Der traditionelle Abschied vom Single-Dasein, der Polterabend, kann auf eine lange Geschichte zurückblicken. Die ersten schriftlichen Erwähnungen über das »Poltern« stammen aus dem frühen 16. Jahrhundert. Ursprünglicher Sinn und Zweck des Ganzen war, mittels Krach und Krawall böse Geister von den zu Vermählenden fern zu halten. Man glaubte damals, dass das Paar bis zur Hochzeit von negativen Einflüssen und schlechten Zaubern bedroht sei.
Derartigen Unbill galt es natürlich zu verhindern, und da sowohl böse wie gute Geister Lärm scheuen, wurde gepoltert und gelärmt auf Teufel komm raus – im wahrsten Sinne des Wortes. Dazu zogen Freunde und Bekannte der Brautleute durch die Straßen und ließen mit weithin vernehmbaren Stockschlägen und mit Peitschenknallen auch die hartgesottensten Geister das Weite suchen.
Da diese Gepflogenheit aufgrund des Lärmpegels einigermaßen störend war, sodass in manchen Gegenden das Poltern sogar per Dekret untersagt wurde, bürgerte es sich nach und nach ein, die Abwehraktivitäten in geschlossene Räume zu verlegen und sich zur Lärmerzeugung auf Porzellan-, Ton- oder Keramikgeschirr zu beschränken. Das war angesichts des begrenzten Aktionsradius nicht nur praktikabler, sondern erfüllte zugleich noch einen anderen Zweck: Zerschlagenes Geschirr symbolisierte früher wie heute Glück und reiche Nachkommenschaft. Glas ist dagegen tabu, nicht nur was die Erhaltung des Brauchtums, sondern auch die erhebliche Verletzungsgefahr angeht.
Traditionsgemäß sollte der Polterabend am Vorabend der Hochzeit stattfinden.

Das Aufkehren der Scherben am Polterabend ist allein Sache des Brautpaars.

Das bringt allerdings Stress mit sich und erfordert zudem einiges an Kondition. Denn der Polterabend verläuft in aller Regel feuchtfröhlich und birgt entsprechend die Gefahr, am eigentlichen Festtag nur mehr eingeschränkt einsatzfähig zu sein. Aus diesen nahe liegenden Erwägungen heraus treffen heute immer mehr Paare die weise Entscheidung, den Polterabend einige Tage oder eine Woche vor der Hochzeit anzusetzen.

Der Polterabend als Geschenk

Die Ausrichtung des Polterabends bietet sich für Freunde und Bekannte als willkommenes Hochzeitsgeschenk an, denn das Paar hat vor der Feier ohnehin alle Hände voll zu tun.
Was die Örtlichkeit angeht, ist angesichts von Lärm und Scherben von privaten Räumen abzuraten. Mieten Sie einen Raum in einem Lokal, Sportverein oder Gemeindezentrum an; viele haben eigene Partyräume. Oder Sie mieten ein Festzelt oder bauen einen kleinen Biergarten auf, sofern die Jahreszeit und das Wetter entsprechend sind. Viele Brauereien verleihen gegen relativ geringes Entgelt und bei Abnahme von Getränken Biertische und Bänke sowie oft auch Festzelte. In ländlichen Gegenden gibt es häufig »Polterscheunen«, die Bauern gegen eine kleine Miete zur Verfügung stellen; übrigens auch für Städter eine nette Idee.
Natürlich braucht man noch ausreichend Geschirr. Da die wenigsten Haushalte über genügend altes, nicht mehr gebrauchtes Porzellan verfügen, muss meist dazugekauft werden; am besten preisgünstig in Großmärkten und gut sortierten Supermärkten. Zur anschließenden Beseitigung der Scherbenberge benötigt man einen Kehrbesen nebst Schaufel sowie einen großen Straßenbesen. Darüber hinaus empfiehlt sich ein Abfall-Container, in dem die von den Brautleuten gekehrten Glücksbringer entsorgt werden können. Was das Kehren anbelangt, ist es Brauch, dass Braut und Bräutigam diese Arbeit gemeinsam verrichten – dies gilt als gutes Omen für beständigen Ehefrieden. In einigen Regionen, vor allem Norddeutsch-

lands, ist es dagegen Sitte, dass nur der zukünftige Ehemann den Besen in die Hand nimmt – als Zeichen dafür, dass er sich das »Eheruder« nicht aus der Hand nehmen lassen wird.
Akustisch sollte es nicht beim Klang zerberstenden Geschirrs bleiben, weshalb Sie durch CDs oder noch besser durch einen Discjockey – ein professioneller oder ein Musikfreak aus Ihrem Freundeskreis – für weitere klangliche Untermalung sorgen können. Eine witzige Idee ist auch ein Leierkastenmann.

Die Bewirtung

Natürlich soll nicht nur gepoltert, sondern auch gefeiert – sprich getrunken und gegessen – werden. Das kulinarische Angebot an diesem Abend muss jedoch nicht allzu erlesen sein. Ein kaltes Buffet mit Salaten, verschiedenen Käse-, Wurst- und Brotsorten sowie Knabbergebäck und Oliven genügt vollauf. Wer noch eine heiße Suppe anbietet, macht die Bewirtung perfekt. Ein einfaches kaltes Buffet hat auch den Vorteil, dass es nicht so wichtig ist, wie viele Gäste zum Poltern erscheinen. Was übrig bleibt, wird untereinander aufgeteilt; ist es zu wenig, gibt es in der nächsten Tankstelle Nachschub.
Falls Sie den Polterabend für das Brautpaar in einem Lokal ausrichten, macht dessen Besitzer Ihnen sicherlich einige Vorschläge, wie für das leibliche Wohl der Gäste gesorgt werden kann. Auch die Getränkeauswahl kann schlicht sein: Bier vom Fass, Alkoholfreies wie Mineralwasser und Orangensaft und vielleicht noch Weiß- und Rotwein.

Aktionen am Polterabend

Es existiert einiges an traditionellem Brauchtum zum Polterabend, was sich meist sehr einfach arrangieren lässt. Beispielsweise können Sie als Anspielung auf den zu erwartenden Kindersegen eine Wäscheleine mit Babykleidung am Eingang zum Polterraum anbringen und einen Pappstorch neben der Tür platzieren. Gegen Mitternacht überreichen Sie dann der Braut einen Kranz aus geflochtenen Myrtenzweigen, der Bräutigam bekommt einen kleinen Ableger davon für das Sakkorevers.

Anstatt zum Polterabend wird oftmals zur »Letsch« geladen, bei der ebenso der Abschied vom Single-Dasein gefeiert, jedoch nicht gepoltert wird – die leise Alternative zum Polterabend.

Aus der Schweiz stammt der Brauch, die Braut »einzukaufen«. Heute werden dazu am Polterabend Zettel an die Gäste verteilt, auf denen kleine Nettigkeiten notiert sind, die sie an das Paar senden sollen; beispielsweise Schokolade, Pralinen, eine Flasche guten Wein oder hochwertiges Olivenöl. So erhält das Brautpaar fast täglich eine Überraschung per Post.
Eine schöne alte Sitte ist es auch, das Paar mit Lichterzauber zu verabschieden. Dazu versammeln sich, kurz bevor das Paar den Raum verlässt, alle Gäste vor dem Eingang und geleiten es mit Fackeln, Kerzen, Lampions oder Laternen noch ein Stück des Wegs.

Der Junggesellenabschied

Vor dem Polterabend können Sie zum Junggesellenabschied einladen, bei dem die Freunde mit dem Bräutigam noch einmal ausgiebig auf Kneipentour gehen. Ganz traditionsgemäß ist es, wenn die Männer ohne weiblichen Anhang um die Häuser ziehen. Üblich ist, dass der Ehemann in spe die Zeche begleicht.

Zweifelsohne muss auch das Ende der Junggesellinnenzeit gebührend begossen werden, und zwar ebenso unter Ausschluss des anderen Geschlechts. Statt einer Lokalrunde, die natürlich die Braut finanziert, könnte sie sich auch einen gemeinsamen Schönheitstag auf einer Beautyfarm oder ein gemeinsames Wochenende mit ihren besten Freundinnen gönnen.

Wer hat in der Ehe die Hosen an?

Eine Frage, die sich im Zuge einer Hochzeitsfeier stellt und zu deren Beantwortung es traditionell einiges an Indizien gibt: So soll es sich bereits vor dem Altar zeigen, wer später das Sagen hat: Platziert der Bräutigam beim Niederknien zum Segen sein Knie auf dem Kleidersaum der Braut, spricht das deutlich für eine althergebrachte Rollenverteilung. Tritt die Braut ihrem frisch Angetrauten hingegen beim Aufstehen auf den Schuh, wird sie die Oberhand haben. Eine weitere Möglichkeit, spätere Machtverhältnisse zu erkennen, bietet sich beim Anstecken der Ringe. Bleibt der Ring am mittleren Fingergelenk der Braut stecken, gilt das als Vorteil für sie. Schafft es der Bräutigam, den Ring ohne Stocken aufzuschieben, ist er zukünftig der Herr im Haus. Besteht danach immer noch keine Klarheit, achten Sie darauf, wer beim Anschneiden der Hochzeitstorte die Hand obenauf hat – der wird auch in der Ehe die führende Rolle spielen.

Das Brautgewand

Meist wird die zukünftige Braut beim Kauf des Hochzeitskleids von der Mutter oder von Geschwistern und Freundinnen begleitet. Und da ist es gut, wenn diese die wichtigsten Bräuche rund ums Brautgewand kennen. Das beginnt bereits bei dessen Fertigung, welche die Braut niemals selbst übernehmen darf, will sie nicht eine unglückliche Ehe riskieren. Weiterhin ist auch bei der Farbe Sorgfalt geboten: Weiß symbolisiert Unschuld und Reinheit – nicht umsonst wird nach wie vor überwiegend in Weiß geheiratet. Dies kam übrigens erst im 18. Jahrhundert mehr und mehr in Mode, zuvor unterschied sich das Hochzeitskleid nicht wesentlich von anderen Roben für festliche Anlässe.

Wer nicht in Weiß heiraten möchte, hat natürlich freie Wahl. Nur von Blau sollte man tunlichst die Finger lassen: »Blaues Hochzeitsgewand bringt Verdruss«,

warnt der Volksmund, und diese Gefahr sollte man nicht in Kauf nehmen. Das Strumpfband der Braut ist allerdings davon ausgenommen (→ Seite 12).
Die Brautjungfern sollten früher möglichst in gleicher Manier gekleidet sein wie die Braut, damit die bösen Geister, welche die Braut am Tag ihrer Heirat bedrohen, unter den anwesenden Damen nicht so leicht die Braut finden.
Dass der Bräutigam das Outfit seiner Zukünftigen nicht zu Gesicht bekommen soll, ist weithin bekannt; weniger, dass das Brautkleid mit möglichst vielen Knöpfen versehen sein sollte. Denn so viele Jahre, wie das Kleid Knöpfe besitzt, wird die Ehe glücklich sein.
Gegenstand von althergebrachten Traditionen sind auch Strumpfbänder, Handschuhe und Brautschuhe sowie natürlich der Brautschleier.

Tanz um den Brautschleier

Der zarte, durchscheinende Brautschleier symbolisierte stets Unberührtheit und Unschuld. Zudem konnte so das Antlitz der Braut hinter Spitzen und Tüll vor neugierigen Blicken – wie auch vor dem bösen Blick an sich – geschützt werden. Erst nachdem sie offiziell verheiratet war, offenbarte die Braut ihrem Ehemann und den Hochzeitsgästen ihr Gesicht. Das Lüften des Schleiers stand auch in einem erotischen Zusammenhang: Die Braut gab damit ein Zeichen ihrer Hingabe an den Mann.
Bei jüdischen Hochzeiten und in ländlichen Regionen Süditaliens ist es vielfach noch heute üblich, dass der Schleier nicht

Ein unbedingtes Muss: der Brautstrauß. Wer ihn kauft und wann und wo in die Hände nehmen darf, unterliegt strengen Regeln.

nur die Braut, sondern das Paar gemeinsam unter sich beherbergt.
Selbstverständlich gibt es auch zahlreiche Bräuche rund um den Brautschleier: Gegen Mitternacht wird die Braut mit verbundenen Augen auf die Tanzfläche geführt. Während sie tanzt, stoppt plötzlich die Musik, und die noch unverheirateten weiblichen Gäste stürzen auf die Tanzfläche und versuchen, den Schleier zu ergattern. Das verheißt zum einen Glück, zum anderen ist die Frau, die das erste Stück vom Schleier erwischt, dazu bestimmt, noch in diesem Jahr zu heiraten.

Den Schleier darf die Braut erst an eine andere Frau abgeben, wenn sie offiziell getraut ist. Zuvor darf ihn niemand außer ihr tragen. Setzt den Schleier ihre Freundin auf, wird diese dem Volksglauben zufolge den Bräutigam verführen. Also Finger weg …

Ein anderer Brauch sieht vor, dass der Schleier von den Trauzeugen gehalten wird, während das Brautpaar tanzt. Jeder, der auch einmal mit der Braut oder dem Bräutigam tanzen möchte, muss ein wenig Geld in den Schleier werfen und darf dann den Tanzpartner ablösen. Nach einigen Tänzen nimmt die Braut den Schleier ab und bekommt die Augen verbunden. Die unverheirateten Frauen tanzen um sie herum, während die Braut versucht, einer davon den Schleier aufzusetzen – diese wird die nächste Braut sein.

Strumpfband verschenken

Wenn die Hochzeitsfeier in vollem Gange ist und etwaige Befangenheiten entsprechend gewichen sind, darf ein männlicher Gast der Braut mit den Zähnen das blaue Strumpfband vorsichtig abstreifen. Diese Trophäe kann er behalten. Oder die Braut zieht ihr Strumpfband selbst aus und wirft es mit verbundenen Augen unverheirateten Männern zu. Derjenige, der das Strumpfband fängt, darf eine Ehrenrunde mit der Braut tanzen und hat, ähnlich wie beim Werfen des Brautstraußes und den Schleierbräuchen, beste Chancen, als Nächster zu heiraten.

Brautschuhpfennige

Weithin bekannt war zu D-Mark-Zeiten das Sammeln von Pfennigstücken zum Kauf der Brautschuhe, womit man am besten bereits in Jungmädchentagen anfing. Nun ist neues Sammeln angesagt. Je ein Stück des angesparten Schatzes gehört in die Schuhe der Braut, soll die Ehe nicht durch Geldsorgen belastet werden. Denn das Geldstück garantiert dem Paar eine stets gute Finanzlage.

Etwas Altes, etwas Neues, etwas Geliehenes und etwas Blaues

Einem englischen Hochzeitsbrauch zufolge muss die Hochzeitskleidung vier Dinge aufweisen, um Glück für den Hochzeitstag und die Ehe zu sichern: Etwas Altes, etwas Neues, etwas Geliehenes und etwas Blaues. Das Alte steht für die vergangene Zeit als Single, das Neue symbolisiert den neuen Lebensabschnitt, das Geliehene Freundschaft und das Blaue Treue. Wie wäre es mit einem alten Familienschmuckstück, einem blauen Strumpfband und von der Freundin geliehenen Haarspangen? Das Neue ist bereits durch die Schuhe und Strümpfe abgedeckt, die ja in der Regel ungetragen sind.

Erinnern Sie die Braut auch an den alten Brauch, am Hochzeitstag ein Stück ihrer Unterwäsche verkehrt herum zu tragen. Das soll böse Geister verwirren und in die Flucht schlagen.

Brautstrauß werfen

Eine der Gepflogenheiten, die auch heute bei nahezu keiner Hochzeit fehlt, ist das Werfen des Brautstraußes – wahlweise gleich nach der Trauung vor der Kirche oder dem Standesamt, nach dem ersten Walzer des Brautpaares oder beim Mitternachtstanz. Dazu werden der Braut die Augen verbunden, oder aber sie dreht sich im Kreis und wirft anschließend den Strauß in die Gästeschar. Fangen dürfen diesen allerdings nur unverheiratete weibliche Gäste, denn traditionsgemäß wird diejenige, die den Strauß fängt, die nächste Braut sein. Der Brautstrauß diente nicht nur der Zierde der Braut; im Laufe seiner langen Geschichte hatte er unter anderem die Aufgabe, das Paar vor bösem Zauber zu schützen und ihm Glück zu bringen. Beim Zusammenstellen der Hochzeitsblumen wurde auch an die Gesundheit gedacht, weshalb sich vor allem im Mittelalter vielfach Heilpflanzen wie Rosmarin, Thymian und Lavendel im Brautstrauß fanden. Später avancierte dann die Myrte zur Hochzeitspflanze.

Lasst Blumen sprechen

Myrte Seit der Antike sind deren immergrüne Zweige eng mit der Hochzeit verbunden. Sie waren Aphrodite, der griechischen Göttin der Liebe geweiht und symbolisierten Fruchtbarkeit und Lebenskraft. Nachdem Myrtenkränze lange Zeit von den Brauthäuptern verschwunden waren, sieht man sie heute wieder öfter; oftmals in hübschen Kombinationen mit zarten Blüten und Beeren.

Rose Die »Königin der Blumen« ist nach wie vor die beste Überbringerin liebevoller Botschaften: von der tiefen Liebe, die blutrote Rosen ausdrücken, über roséfarbene, die Bewunderung vermitteln, bis hin zu den gelben, die einer großen Verehrung Ausdruck geben.

Lilie Die weißen Kelche der Lilien symbolisieren Reinheit und Treue.

Orangenblüten Die zarten, weißen Blüten haben den gleichen Symbolgehalt wie die Lilien und können nicht zuletzt angesichts ihres umwerfenden Duftes auf eine noch längere Tradition als Hochzeitsblumen zurückblicken.

Sperrbräuche

Die so genannten Sperrbräuche, bei denen dem Brautpaar vor oder nach der Trauung Hindernisse in den Weg gelegt werden, gehören zu den bekanntesten Traditionen, die früher wie heute bei keiner Hochzeit fehlen dürfen. Sie sollen darauf aufmerksam machen, dass auch in der Ehe später so manche Schwierigkeiten gemeinsam gemeistert werden müssen. Für die symbolischen Stolpersteine wurden im Laufe der Jahrhunderte unendlich viele Varianten ersonnen.

Seil spannen

Ein Hindernis ist, dem Brautpaar den Weg aus der Kirche oder dem Standesamt mit einem vor der Tür gespannten Seil zu versperren. Bevor das Paar weiterziehen darf, muss der Bräutigam Geld oder Getränke versprechen und diesen Wegezoll später einlösen.
Erforderlich sind eine zwei bis drei Meter (je nach Breite der Tür) lange Paketschnur, Hammer und Nägel zum Befestigen und eine leistungsstarke Schere zum Durchschneiden. Falls es nicht möglich ist, die Schnur an den Türpfosten anzubringen, kann diese auch von zwei Helfern zu beiden Seiten der Tür gehalten werden.

Baumstammsägen

Eine andere Möglichkeit, die Krisenfestigkeit des jungen Paares auf die Probe zu stellen, besteht darin, ihm nach dem Verlassen des Standesamtes oder der Kirche einen Holzpfahl in den Weg zu legen. Diesen müssen die beiden dann mit vereinten Kräften durchsägen, und zwar möglichst im Gleichtakt, sonst wird der Schnitt nicht glatt. Damit muss das Paar unter Beweis stellen, wie harmonisch es zusammenarbeiten bzw. im übertragenen Sinn zusammenleben kann.
Was Sie zum Baumstammsägen benötigen, sind ein – mit Rücksicht auf das ohnehin stark geforderte Brautpaar – Holzpfahl von maximal 20 Zentimeter Durchmesser, zwei Holzböcke, auf denen dieser fest aufliegt, und eine gute Bogensäge, an der die Hochzeiter von beiden Seiten ziehen können.

Mitten durchs Herz

Altbewährt und beliebt, weil stets sehr amüsant, ist ein auf Stoff gemaltes großes Herz, das dem Paar auf dem Weg aus Kirche oder Standesamt vor die Nase gehalten wird. Das Herz muss nämlich von den Brautleuten eigenhändig ausgeschnitten werden, will es noch weiterfeiern. Danach müssen beide durch das Herzloch im Stoff klettern; oftmals trägt der Bräutigam seine Frau auch beherzt hindurch, je nach Kondition und Gelenkigkeit … Das ausgeschnittene Herz kann das Brautpaar als Lohn für die Mühen und als Souvenir nach der Feier mit nach Hause nehmen.

Wenn Sie es dem Brautpaar nicht so einfach machen möchten, reichen Sie ihm statt Schneiderscheren kleine Nagelscheren.

Als Stoff eignet sich am besten ein altes Bettlaken, das die richtige Größe bietet. Auf dieses malen Sie ein Herz, stilecht mit roter Stoffmalfarbe und bitte nicht zu klein – das Brautpaar soll sich nicht artistisch als Schlangenmenschen betätigen müssen, zumal die Brautrobe, vor allem der Schleier, gymnastische Verrenkungen ohnehin versagt. Außerdem braucht man noch zwei Helfer, die das Laken halten, zwei gute

Schneiderscheren und einen Fotoapparat zum Verewigen der Hochzeiter als »Herzschrittmacher«.

Seid fruchtbar und mehret euch …

Fruchtbarkeit und ein reicher Kindersegen waren vor allem in vergangenen Jahrhunderten sehr wichtig, denn Glück und Reichtum wurden auch über die Anzahl der Nachkommen definiert. Schließlich waren Kinder die elterliche Altersvorsorge. Entsprechend viele Hochzeitsbräuche drehen sich darum, dem Brautpaar viele und gesunde Kinder zu wünschen.

Reis werfen

Reichen Kindersegen verspricht man sich durch das Bewerfen der frisch Getrauten mit Reiskörnern. Eine Sitte, die ursprünglich aus dem asiatischen Kulturkreis stammt, in dem Reis traditionell für Leben und Fruchtbarkeit steht. Schon früh gelangte dieser Brauch in die westliche Welt und gehört bis heute zu den beliebtesten Aktionen bei Hochzeiten. Allerdings erfreut sie sich bei Standesämtern und Kirchen immer weniger Beliebtheit; angesichts der anschließenden Aufräumarbeiten und auch wegen der Verletzungsgefahr. Denn auf Reiskörnern kommt man leicht ins Rutschen. Einige Standesämter und Kirchen haben das Reiswerfen bereits auf den Index gesetzt und verboten.

Wenn Sie Ihrem Paar mit Reis Glück und viele Kinder wünschen möchten, sollten Sie sich hierzu in jedem Fall die Erlaubnis vom Standesbeamten bzw. Pfarrer einholen. Dass die Körnchen danach mit Besen und Schaufel wieder fein säuberlich aufgesammelt werden müssen, versteht sich von selbst.

Kinderwagen

Ein Kinderwagen auf dem Hausdach? Da muss kürzlich eine Hochzeit stattgefunden haben, bei der Freunde des Brautpaares auf diese Weise einen reichen Kindersegen gewünscht haben. Übrigens gar nicht so selten, denn einen Kinderwagen auf dem Dach des Hauses zu montieren, ist eine witzige und sehr beliebte Idee – da kann der Storch im Vorbeifliegen gleich ein kleines Windelpaket reinlegen …

Fruchtbarkeitstorte

Die Hochzeitstorte, üblicherweise sehr süß, soll ebenso die Fruchtbarkeit des Paares fördern; die verwendeten Zutaten, allen voran der Honig, haben schließlich auch aphrodisierende Wirkung. Gebacken wird sie traditionell aus Mehl, Honig, Gewürzen und vielen, vielen Mandeln, häufig in Form von Marzipan.

Brautteller

Der folgende Brauch, der früher gern gepflegt wurde, nimmt ebenfalls auf die Fruchtbarkeit Bezug – allerdings auf recht direkte, deftige Weise. Auf dem Brautteller, einer glasierten Präsentationsplatte, wurden der Braut Geschenke dargeboten. Nahm sie eines der Präsente, offenbarte sich ihr ein obszönes Bild und ein ebensolcher Spruch. Beispielsweise stand auf dem Brautteller zu lesen: »Lass die Greifen oben sein, führe lieber unten ein.« Oder aber: »O Jammer, bist schon schwanger.«

Die Gäste können dem Brautpaar auch durch das Überbringen von Eiern ihren Wunsch für zahlreiche Nachkommenschaft übermitteln. Dabei sollte man nicht vergessen, den Brautleuten zuvor ein kleines Körbchen zu geben, in das diese die Eier legen können.

Brautbecher

Genauso wie beim Brautteller verhielt es sich mit dem Brautbecher, der mit Rotwein gefüllt und von der Braut ausgetrunken wurde. Alsdann wurde sie am Boden des Bechers eines Knaben mit erigiertem Penis gewahr, genannt »Hänschen im Keller«, der ihr symbolisch reichen Kindersegen bescheren sollte.

Kulinarische Bräuche

In Zukunft werden die Brautleute das Brot miteinander teilen – auch im übertragenen Sinn, indem sie füreinander da sind und sorgen.

Brautsuppe

Noch vor der kirchlichen Trauung ging es früher in Bayern mit den Familien und Hochzeitsgästen zum Suppefassen in die Wirtschaft. Dabei löffelten Braut und Bräutigam gemeinsam aus einem Teller und tranken aus einem Glas.

Brotkerze

In Westfalen gab es den Brauch, der mancherorts noch heute zu finden ist, inmitten der Hochzeitstafel ein riesiges Brot mit einer Kerze darin zu platzieren. Das Brot wurde anschließend an die Armen verteilt und die Kerze in die Kirche gestellt.

Laib Brot

In Schlesien und in Hessen reichte der Bräutigam der Braut oder die Brautmutter dem Paar beim Einzug in das neue Heim ein Stück Brot von einem frischen Laib. Ein Stück davon verwahrte die Braut zeitlebens; der Rest des Brotlaibs wurde an die Armen verteilt.

Salz und Brot

Nach der Trauung, beim Eintritt in das Lokal oder später, beim Eintritt in das gemeinsame Haus, wird dem Brautpaar vom Gastwirt oder von Freunden eine Scheibe trockenes Brot mit Salz und ein Glas Wasser gereicht, das sich das Paar teilen muss. Anschließend wirft die Braut das leere Glas über ihren Kopf nach hinten, sodass es zerschellt. Diesem eigentümlichen Prozedere liegt ein vorchristlicher Brauch zugrunde: Die Braut wurde erst dann in die Familiensippe ihres Mannes aufgenommen, wenn sie mit ihm Salz und Brot geteilt hatte. Desweiteren symbolisiert diese Handlung die Bereitschaft, sich nunmehr alles im Leben zu teilen. Und die Glasscherben sollen ganz einfach Glück bringen.

Schutz vor bösen Kräften

Früher hatte man enormen Respekt vor bösen Geistern, die dem Paar – davon war man fest überzeugt – ganz besonders am Hochzeitstag heimtückisch auflauerten. Um solcherlei Gefahren von den Hochzeitern abzuwehren, erfanden die Generationen vor uns zum Teil wahrlich kuriose Methoden. Eine der wichtigsten Maßnahmen gegen bösen Zauber wurde bereits eingangs vorgestellt: der Polterabend (→ Seite 7–9). Nachfolgend werden weitere Bräuche wider den magischen Unbill beschrieben.

Dosen am Auto

Böse Geister scheuen, wie wir bereits wissen, jedweden Lärm. Also gilt es solchen zu veranstalten, will man die Unholde in die Flucht schlagen – beispielsweise, indem man am Hochzeitsauto Blechdosen befestigt, die beim Fahren mächtig scheppern. Nützlicher Nebeneffekt: Auf diese Weise kann man die Hochzeit öffentlich bekannt geben.

Hupkonzert

Neben über den Asphalt klappernden Blechdosen haben sich inzwischen auch Hupkonzerte etabliert, mit denen der Hochzeitskonvoi durch die Straßen zieht – und Geister wie Anwohner das Fürchten lehrt.

Kellentanz

In ländlichen Regionen gab es früher den so genannten Kellentanz. Bei diesem Brauch liefen die Hochzeitsgäste mit diversem Haushaltsgerät wie Töpfen, Deckeln und Kochlöffeln durch das Haus des frisch vermählten Paares und verscheuchten durch lautes Trommeln und Klappern auch den letzten Geist.

Nach altem Volksglauben sollen die Brautleute so dicht wie möglich nebeneinander vor dem Altar stehen, um zu verhindern, dass sich böse Geister zwischen sie drängen.

Der Hofstaat der Brautleute

Zu einer traditionellen Hochzeit gehören Brautjungfern, ferner Blumenkinder, die beim feierlichen Auszug aus der Kirche oder aus dem Standesamt Blumen streuen, und natürlich Träger eines Spaliers, mit dem die Brautleute nach dem Jawort empfangen werden. Dieser Hofstaat erweist den Hochzeitern aber nicht nur alle Ehren, sondern beschützt sie auch auf dem Weg ins gemeinsame Leben.

Brautjungfern

Anno dazumal schritt das Paar nicht allein zur Kirche und vor den Altar, sondern in Begleitung von Brautjungfern und oftmals auch von Brautführern. Sinn des Hochzeitszuges war, die Brautleute vor übel wollenden Mächten und negativen Einflüssen zu bewahren. Dazu trugen die Brautjungfern auch die gleichen Kleider wie die Braut, sodass diese für Geister und Dämonen nicht so schnell auszumachen war.

Blumenkinder

Die Blumen, die von den Blumenkindern nach der Trauung vor der Kirche oder dem Standesamt zu Füßen des Brautpaa-

Zu einer romantischen Hochzeit »mit allem Drum und Dran« gehören auf jeden Fall festlich gekleidete Blumenkinder.

res gestreut werden, sollen Fruchtbarkeit und Eheglück zugleich bescheren – denn Blumen und Kinder symbolisieren seit Urzeiten Glück und reiche Nachkommenschaft. Im Gegensatz zu den Brautjungfern ist der Brauch des Blumenstreuens heute noch weit verbreitet. Meist handelt es sich bei den kleinen Mädchen um Kinder von Freunden und Verwandten, die für diese Aufgabe engagiert werden. Sie tragen Körbe, die mit Blütenblättern, meist von Rosen, gefüllt wurden.

Spalier

Verwandte, Freunde und Bekannte empfangen das Brautpaar vor dem Kirchenportal oder Standesamt mit einem Ehrenspalier. Dabei bilden sie entweder mit Blumen oder Dingen, die mit Hobbys oder den Berufen der Brautleute zu tun haben, eine Art Tunnel, den das Paar durchschreiten muss. Falls Sie sich für ein Blumenspalier entscheiden, sollten Sie langstielige Flora bevorzugen: lange Rosen oder Lilien, Sonnenblumen oder Gladiolen. Damit lässt sich am einfachsten ein schöner Tunnel errichten.
Soll das Spalier hobbynah sein, ist ebenso darauf zu achten, dass lange Gegenstände zum »Bauen« verwendet werden; wie beispielsweise Tennis- oder Golfschläger, Wanderstöcke oder Angelruten.

Überraschungen für das Brautpaar

Die wenigsten Freunde und Bekannten lassen es sich nehmen, das Hochzeitspaar mit netten und witzigen Einfällen zu überraschen, zum einen im Zuge der Feier, zum anderen als bleibende Erinnerung an diesen Tag. Nachfolgend einige Vorschläge, die beliebig verändert und erweitert werden können. Weitere Ideen, wie Sie den Hochzeitern eine Freude bereiten können, finden Sie ab Seite 84.

Erinnerungsalbum

Dazu brauchen Sie ein Fotoalbum mit schwarzen Seiten, eine Polaroid-Kamera und Filme, einen Klebstift sowie einen Silberlackstift. Bevor die Gäste den Ort, wo die Feier stattfindet, betreten, lichten Sie jeden Einzelnen mit der Polaroid-Kamera ab und geben ihm sein Foto in die Hand. Das Fotoalbum legen Sie auf einen gesonderten Tisch mit Klebstift und Silberstift daneben. Jeder Gast soll dann im Laufe des Abends sein Foto in das Album einkleben und ein paar Worte dazuschreiben: Glückwünsche, einen netten Spruch etc. Am Ende der Feier überreichen Sie dem Brautpaar das Album zur Erinnerung an diesen Abend.

Hochzeitskochbuch

Besorgen Sie sich die Gästeliste vom Brautpaar, und bitten Sie jeden der Geladenen telefonisch oder per Post, sein Lieblingsrezept an Sie zu schicken; möglichst mit Bild des fertigen Gerichtes.

Die Rezepte kleben Sie dann in ein schön eingebundenes Buch mit leeren Seiten und überreichen es am Hochzeitstag. Beginnen Sie allerdings rechtzeitig mit der Vorbereitung; die Gäste sollten mindestens vier Wochen vor der Trauung benachrichtigt sein, denn schließlich benötigen diese genügend Zeit zum Schreiben und Illustrieren ihres Rezeptes.

Signierter Sonnenschirm

Eine schöne Idee ist auch ein signierter Sonnenschirm. Dazu platzieren Sie einen aufgespannten Sonnenschirm aus weißem Leinen am Eingang der Festlokalität und daneben auf einem Stuhl mehrere Stoffmalstifte. Jeder Gast, der den Raum betritt, soll sich mit seinem Namen auf dem Sonnenschirm verewigen. Nach der Feier bekommt das Paar den signierten Sonnenschirm überreicht.

Feuerwerk

Wie wäre es mit einem kleinen Bodenfeuerwerk zu nächtlicher Stunde? Feuerwerkskörper gibt es rund ums Jahr in Fachgeschäften und gut sortierten Kaufhäusern. Bei der Standortwahl müssen Sie unbedingt die nötigen Sicherheitsvorkehrungen berücksichtigen; diese sind auf den Verpackungen der Feuerwerkskörper angegeben. Außerdem müssen Sie eine Erlaubnis vom Gastwirt des Restaurants, in dem gefeiert wird, einholen.

Sterne am Himmel

Statt Feuerwerk geht es auch leise und romantisch: mit gasgefüllten Luftballons, an deren Schnüren Wunderkerzen befestigt sind und die als Sterne in den Nachthimmel aufsteigen. Dazu benötigen Sie ausreichend Lufballons – je nach Anzahl der Gäste. Die Ballons müssen bereits mit Gas befüllt sein; Ballonfachgeschäfte erledigen das für Sie. An jedem Ballon befestigen Sie eine Schnur, an deren Ende Sie eine Wunderkerze (gibt es im Spielwarengeschäft oder Kaufhaus) festknoten. Die Schnur muss mindestens einen Meter lang sein, sodass die Funken der brennenden Wunderkerzen den Ballon nicht zum Platzen bringen können.
Am Abend, am besten nach dem Essen, bitten Sie die Hochzeitsgesellschaft ins Freie und überreichen jedem Gast einen Ballon. Dann verteilen Sie Streichhölzer oder Feuerzeuge in ausreichender Zahl, denn die Gäste sollen die Wunderkerzen möglichst zeitgleich anzünden und die leuchtenden Ballons dann alle gemeinsam fliegen lassen.

Brennendes Herz

Für diese Überraschung besorgen Sie sich eine Holzspanplatte im Format 1,5 mal 1,5 Meter. Aus dieser sägen Sie ein zuvor mit Bleistift angezeichnetes Herz (etwa 1,5 Meter hoch) aus und bekleben es mit rotem Pergamentpapier (gibt es im Bastelladen). Dann bringen Sie entlang der Kante der Herzform mittels kleiner Metallhäkchen eine Christbaum-Lichterkette an; diese wiederum bekommen Sie rund ums Jahr in Baumärkten oder großen Kaufhäusern. Besorgen Sie einen rund zwei Meter langen Holzstab, stecken Sie ihn in einen Christbaumständer, und nageln Sie das Herz an den Stab. Sobald es dunkel geworden und die Hochzeitsfeier in vollem Gange ist, bauen Sie das Herz vor der Festlokalität auf, stecken den Stecker der Lichterkette in eine Steckdose (Verlängerungskabel nicht vergessen!) und bitten die Brautleute nach draußen.

Lustige Streiche

Nun dürfen natürlich auch nicht die »etwas anderen« kleinen Überraschungen fehlen, die das frisch vermählte Paar – in der Regel zu Hause – erwarten: Streiche, die den Brautleuten meist mit dem Ansinnen gespielt werden, bereits in der Hochzeitsnacht die Alltagstauglichkeit der Verbindung zu testen.
Die Schnippchen, die Sie dem Paar schlagen, dürfen allerdings nicht zu weit gehen. Die beiden obersten Gebote lauten: Es darf nichts kaputtgehen, und es muss vorher abgeklärt werden, ob das Paar das Eindringen von Freunden in die eigene Wohnung toleriert. Deshalb sollten Sie rechtzeitig eine Vertrauensperson der Brautleute in Ihr Vorhaben einweihen; dazu bieten sich die Geschwister oder Eltern an.

Rund ums Hochzeitsbett

Nichts für Morgenmuffel ist die folgende Idee: In der gesamten Wohnung werden an verschiedenen Stellen Wecker versteckt, die frühmorgens versetzt alle halbe Stunde klingeln. Sie sollten natürlich geräuschlose Digitalwecker installieren, damit die Wecker nicht schon durch das Ticken entdeckt werden.
Damit die Hochzeitsnacht lange in Erinnerung bleibt, empfiehlt sich folgende Idee: Dem Hochzeitsbett wird die Rück-

wand abgeschraubt (alternativ die Beine). Die entfernten Teile werden dann fein säuberlich neben das Bett gelegt, nebst Hammer, Schraubenzieher und anderen zum Wiederaufbau erforderlichen Utensilien. Ganz wichtig ist, dass nichts fehlt, also etwa keine Schrauben abhanden kommen, ohne die das Ehebett nicht mehr einsatzfähig gemacht werden kann. Harmloser, auch was den Arbeitsaufwand angeht, sind Toiletten-Duftsteine, die Sie in die beiden Kopfkissenbezüge

stecken. Sie lassen sich, sobald die Duftquellen entlarvt wurden, leicht entfernen. Einen besonderen Knalleffekt erzielen Sie, indem Sie Knallerbsen unter dem Bettlaken oder auf der Bettkante platzieren. Diese gehen los, sobald die Matratze belastet wird.
Zum Prinzen und zur Prinzessin auf der Erbse werden die Hochzeiter mit diesem Streich gekürt: Verstreuen Sie ein Pfund getrocknete Erbsen unter dem Bettlaken, und zwar so, dass man diese nicht gleich auf den ersten Blick erkennen kann. Alternativ können Sie auch Reis verwenden; das passt gut zum Reiswerfen nach der Trauung.

Im Badezimmer

Zu einer Hochzeit gehören selbstverständlich viele Blumen; warum also nicht auch im Bad? Legen Sie Waschbecken oder Toilettenschüssel mit wasserdichter Folie aus, geben Sie Erde darauf, und pflanzen Sie ein paar schöne Blumenstöcke hinein. Als nette Geste stellen Sie die passenden Blumentöpfe gleich dazu.
Hat das Brautpaar bekanntermaßen wenig Sinn fürs Botanische, füllen Sie Badewanne und Waschbecken mit Styropor-Verpackungschips auf. Sollten Sie nicht genügend zur Verfügung haben, knüllen Sie einfach Zeitungspapier leicht zusammen, geben die Knäuel als Erstes in die sanitären Einrichtungen und füllen dann mit den Chips auf.
Nett sind auch viele bunte Luftballons, die das Brautpaar im Bad erwarten: Dazu wird die Duschkabine, die Badewanne oder auch das ganze Badezimmer mit aufgeblasenen Luftballons bestückt. Vergessen Sie nicht, danach die Badezimmertür zu schließen, denn sonst begibt sich der eine oder andere Ballon auf verräterische Wanderschaft.
Beim beliebten Austauschen der Zahnpasta ist Geschicklichkeit gefragt: Besorgen Sie eine Tube der gleichen Zahnpastamarke, wie das Paar sie verwendet. Drücken Sie den Inhalt vorsichtig aus, und befüllen Sie die Tube mit Tomatenmark oder Nutella. Dazu empfiehlt sich eine Spritze, die es im Haushaltswarengeschäft zum Verzieren von Torten mit Puderzuckerglasur oder Sahnecreme zu kaufen gibt. Ist die Zahnpastatube nach dem Ausdrücken des Originalinhalts arg zerbeult, können Sie diese mittels einer Stricknadel, die Sie in die Tube einführen, wieder in Form bringen.

In der übrigen Wohnung

Wer glaubt, nach dem Jawort gehe es so weiter wie bisher, hat sich getäuscht: Stellen Sie alle möglichen Dinge in der Wohnung oder im Haus an eine andere Stelle, beispielsweise die Schere in den Blumentopf, die Hausschuhe auf den Balkon oder in den Garten und den Toaster in den Kleiderschrank. Wichtig ist, dass keine Möbel umgestellt werden und dass das Paar alles leicht wiederfindet; sonst kann es verständlicherweise Ärger geben. Achten Sie auch darauf, keine Dinge umzuräumen, die in der Hochzeitsnacht dringend gebraucht werden, wie Nachthemd, Schlafanzug oder Toilettenartikel. Als Variante dieses Streiches können Sie auch nur den Inhalt der Kleiderschränke

Kleine Streiche in der Hochzeitsnacht sollen dem Brautpaar in erster Linie Spaß bereiten und ihm nicht stundenlange Aufräumarbeiten oder Suchaktionen bescheren.

ein wenig anders arrangieren. Also etwa ihre und seine Unterwäsche hübsch zusammen in die Schubladen legen, sein Sakko hinter ihr Kleid hängen und die Sakkoärmel liebevoll um das Kleid binden und so fort.
Die Vorfreude auf die Hochzeitsnacht lässt sich durch eine »Schnitzeljagd« noch verlängern: Das Hochzeitspaar kommt von der Feier nach Hause und findet die Schlafzimmertür verschlossen vor. Über Zettel geben Sie ihm Hinweise, wo es den Schlafzimmerschlüssel finden kann. Auch hier ist es wichtig, die Suche nicht zu schwer zu gestalten – bedenken Sie beim Verstecken, in welcher Verfassung die Brautleute wahrscheinlich nach Hause kommen werden …

Die Hochzeitstage

Wenn es um Hochzeitsbrauchtum geht, sollte eine der verbreitetsten Gepflogenheiten im Zusammenhang mit dem Heiraten nicht unerwähnt bleiben: das Gedenken an den Hochzeitstag. Üblicherweise schenkt sich an diesem Tag das Paar gegenseitig etwas – und üblicherweise wird dieses Datum gerne vergessen, meist vom Ehemann, seltener von der Ehefrau.
Nun ist das mit den verschiedenen Jahrestagen der Trauung ja auch nicht so einfach: Je nachdem, zum wievielten Mal sich der Hochzeitstag jährt, rangiert er unter einem anderen Namen bzw. Motto, die im Einzelnen nachstehend

aufgeführt sind. Die verschiedenen traditionellen Bezeichnungen bieten allerdings eine nicht zu unterschätzende Hilfestellung bei der Auswahl des Geschenks zum Hochzeitstag.
Nicht nur die Ehepartner, sondern auch Freunde können an den Jahrestagen mit einer kleinen Aufmerksamkeit aufwarten, vor allem zu runden Hochzeitstagen.
Hier einige Beispiele: Zur Baumwollenen Hochzeit bieten sich Gegenstände aus diesem Material an, wobei man weniger zu Geschirrtüchern, sondern besser zu edler Unter- oder Bettwäsche greifen sollte. Oder man besorgt für jeden ein großes, mit Monogramm besticktes Badetuch. Die Seidene Hochzeit ruft förmlich nach seidener Bettwäsche oder einem tollen Nachthemd für sie, für ihn gibt es einen neuen Schlips.

Die Hochzeitstage im Lauf eines Ehelebens

Grüne Hochzeit	Vermählung	Kristallhochzeit	15 Jahre
Baumwollene Hochzeit	1 Jahr	Porzellanhochzeit	20 Jahre
Lederne Hochzeit	3 Jahre	Silberhochzeit	25 Jahre
Seidene Hochzeit	4 Jahre	Perlenhochzeit	30 Jahre
Hölzerne Hochzeit	5 Jahre	Leinwandhochzeit	35 Jahre
Zinnerne Hochzeit	6,5 Jahre	Aluminiumhochzeit	37,5 Jahre
Kupferne Hochzeit	7 Jahre	Rubinhochzeit	40 Jahre
Blecherne Hochzeit	8 Jahre	Goldene Hochzeit	50 Jahre
Töpferne Hochzeit	9 Jahre	Diamantene Hochzeit	60 Jahre
Rosenhochzeit	10 Jahre	Eiserne Hochzeit	65 Jahre
Stählerne Hochzeit	11 Jahre	Steinerne Hochzeit	67,5 Jahre
Petersilienhochzeit	12,5 Jahre	Gnadenhochzeit	70 Jahre
Spitzenhochzeit	13 Jahre	Kronjuwelenhochzeit	75 Jahre
Elfenbeinhochzeit	14 Jahre	Himmelshochzeit	100 Jahre

Kleines Hochzeits-Wörterbuch

Wussten Sie, weshalb die Schwiegertochter anno dazumal die »Schnur« genannt wurde? Oder aber, dass ehemals bei weitem nicht zu jeder Hochzeit geheiratet wurde? Wer heute von Hochzeit spricht, meint immer eine Vermählungsfeier. Früher hingegen bezeichnete man mit »Hochzeit« eine hohe, festliche Zeit und somit überwiegend ein geistliches Fest. So waren die vier Hochzeiten des Jahres Ostern, Pfingsten, Allerheiligen und Weihnachten. Erst im Laufe der letzten zwei Jahrhunderte verengte sich der Begriff zur heutigen, uns geläufigen Bedeutung.

Wie der folgende kleine Exkurs in die Sprachforschung zeigt, ist das, was die Zunft der Philologen über die Geschichte der Begriffe rund um eine Hochzeit so alles herausgefunden hat, ebenso spannend wie amüsant – das eine oder andere kann durchaus Eingang in eine Hochzeitsrede oder die Hochzeitszeitung (→ Seite 28–53) finden.

Vom Heiraten

Einigermaßen verzwickt ist es mit dem Begriff »Heirat«. Viel mehr noch als bei »Ehe« oder »Hochzeit« schwingt hier noch heute die Bedeutung »einen Hausstand gründen« mit. Aus gutem Grund, denn Heirat hieß ursprünglich auch »Hausbesorgung«. Beginnen wir mit dem einfacheren, zweiten Teil des Wortes »rat«, das wir auch von Hausrat, Vorrat und Unrat her kennen. Eine der verschiedenen alten Bedeutungen von »Rat« lautete »Gesamtbedarf an Nahrung, Kleidung und anderen lebensnotwendigen Dingen«. Schwieriger wird es beim ersten Teil des Wortes, bei »Hei«. Er geht zurück auf »geheien« oder »keien«, was in unserem Sprachgebrauch verschwunden, in der Schweizer Mundart jedoch noch lebendig ist. Im »Deutschen Wörterbuch« der Brüder Grimm, das keine Märchen erzählt, sondern hochinteressante Fakten zum Sprachwandel bietet, finden sich ganze zehn Spalten zum Wort »geheien«. Der Begriff basiert auf der indogermanischen Wurzel »kei-«, was »liegen« bedeutet. Im Althochdeutschen sprach man dann von »kehigan«, womit man nichts anderes meinte als »koitieren«, oder im Neuhochdeutschen: »Geschlechtsverkehr haben«.

Der Ausdruck »die Ehe vollziehen« geht zurück auf germanisches Recht, nach welchem nicht die Trauung, sondern der erste Beischlaf der Brautleute die rechtmäßige Form der Eheschließung war.

Eine Heirat im engsten Familienkreise hieß früher »stille Hochzeit«, während man unter einer »blinden Hochzeit« im letzten Jahrhundert eine Heirat armer Leute ohne jegliche Feier verstand.

Das Jawort meint nicht das Wort «Ja«, mit dem Braut und Bräutigam dem Standesbeamten oder Pfarrer auf seine nicht ganz unerwartete Frage mit mehr oder weniger belegter Stimme antworten.

Vielmehr meint es die Einwilligung der Braut, überhaupt Ehefrau zu werden, und diese wird nicht gesprochen, sondern gegeben – was früher übrigens nur bei der Braut erforderlich war. Heute jedoch tun das auch Männer, und entsprechend sagt man, dass sich X und Y in der Kirche von Soundso ihr Jawort gegeben haben.

Die erste Nacht

Die »Hochzeitsnacht« ist ein sehr junges Wort, das erst im 20. Jahrhundert entstand. Zuvor war ausschließlich der Ausdruck »Brautnacht« gebräuchlich, was allerdings nicht genau das Gleiche meinte. Denn Brautnacht wurde die Nacht genannt, in der die Ehe vollzogen wurde, und die musste keineswegs dem Hochzeitstag folgen. In einigen Regionen Deutschlands war der Beischlaf in der Hochzeitsnacht aus Gründen der Sicherheit sogar verboten. Denn der Volksglaube war der Ansicht, dass frisch getraute Männer, die ihre Ehepflichten erfüllen, durch böse Geister bedroht würden. Im Mittelalter verbrachten deshalb Brautführer und Brautjungfern die ersten drei Nächte im gleichen Bett mit dem Brautpaar, um Schlimmstes zu verhindern.

Von Ehen und Gatten

Das Wort »Ehe« geht – mit weitaus weniger Magie – auf das altdeutsche »ewa« zurück, was nichts mit der Eva aus dem Paradies zu tun hat, sondern ebenso wie das lateinische »aevum« Ewigkeit und ein ewig geltendes Gesetz bezeichnete. Etwa um das Jahr 1000 wurde der Begriff dann erstmals in unserem heutigen Sinn verwendet, wobei man unter »Ehe« mehr den heiligen Bund fürs Leben vor Gott verstand. Der weltliche und weitaus häufiger gebrauchte Begriff war jedoch »Heirat«.

Die Redewendung »unter die Haube kommen« geht darauf zurück, dass in ländlichen Regionen noch bis ins letzte Jahrhundert hinein die verheirateten Frauen eine Haube trugen.

Konkreter wird es bei »Gatte«, womit übrigens ursprünglich nicht nur der Ehemann, sondern auch die Ehefrau bezeichnet wurde: Im Mittelhochdeutschen stand »gaten« für »sich ineinander fügen« und »vereinigen«, sowohl im abstrakten als auch im praktischen und erotischen Sinn. Nicht von ungefähr bezeichnete das mittelhochdeutsche Wort »gat« eine Öffnung, ein Loch oder eine Höhle. Interessant ist auch die Herkunft des Begriffes »Gemahl«, der einstmals ebenfalls für beide Geschlechter galt. »Mahal« nannten die alten Germanen den Versammlungsort, gewissermaßen das Pendant zum römischen Forum. An diesem Platz wurde nicht nur Gericht gehalten, sondern auch eine Vermählung angekündigt.

Die Schwieger

Was die Sprachforscher ebenfalls studiert haben, ist die »Schwiegermutter«. Anders als der Schwiegervater, früher »Schwäher« genannt, der weder für Eintracht

noch für Zwietracht sorgte und entsprechend in Sprichwörtern, Redensarten und Witzen so gut wie gar nicht vorkommt, wurde mit den Schwiegermüttern schon immer wenig respektvoll umgesprungen, auch zu jenen Zeiten, als noch die ursprüngliche und heute veraltete Form »Schwieger« ohne das Anhängsel »Mutter« üblich war. Das zeigen beispielsweise Sprichwörter wie: »Die beste Schwieger ist, die einen grünen Rock anhat.« Die also unter dem Gras liegt und somit bereits verstorben ist. Wenig charmant und ähnlich gemeint ist auch folgende Redensart: »Schwieger und Schweinsbraten sind kalt gut.«
Besonders in bäuerlichen Verhältnissen, wo die junge Frau des Sohnes auf dessen Hof zog und von ihrer Schwiegermutter oft übel schikaniert wurde, haben solche Zoten zumindest teilweise einen realen und eher traurigen Hintergrund. Aber auch heute noch ist die Schwiegermutter eine gerne und häufig bemühte Witzfigur – kaum ein Gemüsehobel oder Fleckenwundermittel, dass ohne Seitenhieb auf sie unter die Leute gebracht wird.
Wie bereits erwähnt, hieß das ursprüngliche Wort für Schwiegertochter »Schnur«, denn ebenso wie die Schnur zum Binden fasste man die Schwiegertochter als das Band auf, welches die beiden Sippen der Ehepartner miteinander verbindet. Der Vorläufer des heutigen Begriffs Schwiegersohn, manchmal auch »Tochtermann« genannt, ist »Eidam«.

Die Hochzeitszeitung

In der Hochzeitszeitung erzählen gute Freunde und Verwandte des Brautpaares in heiter-liebevollem Stil die Geschichte dieser Romanze. Das Extrablatt zum Hochzeitstag ist ein wunderbares Geschenk, denn es ist ganz persönlich auf die Brautleute zugeschnitten und eine schöne Erinnerung für später. Der Ausspruch »Nichts ist so alt wie die gestrige Zeitung« hat für eine Hochzeitszeitung keine Gültigkeit. Im Gegenteil, sowohl das Paar wie auch die zur Hochzeit geladenen Gäste können noch Jahre später in den Seiten blättern und an diesen Tag zurückdenken.

Erzählen Sie die Geschichte einer großen Liebe

Nach dem Motto »Eine Hochzeit ohne Zeitung ist wie ein Sommer ohne Sonne« können Freunde und Bekannte dem Hochzeitspaar mit einer selbst gestalteten Zeitung eine ganz besondere Freude bereiten – oft mehr als mit einem der auf der Wunschliste genannten Geschenke. Die Zeitung verfolgt die Spuren der Brautleute zurück bis in die Kindheit, berichtet über wichtige wie amüsante Begebenhei-

ten in ihrem Leben und natürlich auch davon, wie sich die beiden kennen und lieben gelernt haben. Eine weitere Aufgabe der Zeitungsmacher liegt darin, den Ablauf des Hochzeitstages in allen Punkten inklusive Hochzeitsmenü und Programm bekannt zu geben.
Während des Festes wird die Zeitung an die Gäste und das Brautpaar verteilt. Allerdings nicht zu früh, denn sonst verlieren sich einige Gäste in der Lektüre und sind nicht mehr ansprechbar. Außerdem stehen häufig auch Festbeiträge in der Zeitung, die natürlich nicht vorweggenommen werden sollten. Empfehlenswert ist beispielsweise die Ausgabe nach dem Hochzeitsmenü.
Etwaige Bedenken, man sei der Aufgabe des Zeitungsmachens nicht gewachsen, seien gleich zu Beginn von der Hand gewiesen. Jeder hat bestimmte Fähigkeiten, mit denen er zum Gelingen beitragen kann: Der eine fotografiert gern, der andere kann gut zeichnen, und ein anderer wiederum hat Talent zum Schreiben.

Was alles zum Verlegen einer Hochzeitszeitung erforderlich ist, wie sie inhaltlich aufgebaut sein sollte und wie Sie die amourösen Schlagzeilen am schönsten gestalten können, lesen Sie in diesem Kapitel. Die CD-ROM, die diesem Buch beiliegt, wird Ihnen ebenfalls gute Dienste leisten.

Von der Idee bis zum Druck

Die wichtigste Voraussetzung für ein gutes Gelingen ist, dass Sie Ihre journalistischen Aktivitäten rechtzeitig starten, denn den Zeitaufwand, den eine solche private Sonderausgabe zum Hochzeitstag erfordert, sollten Sie nicht unterschätzen. Die Redaktionsrunde sollte sich spätestens drei Monate vor dem großen Tag zum ersten Mal treffen.
Dieses Team setzt sich aus Personen zusammen, die das Brautpaar gut kennen: Sandkastenfreunde und Schulkameraden aus Kindertagen, Weggefährten während der Ausbildung und natürlich auch »aktuelle« Freunde und Arbeitskollegen.
Auf diese Weise kommen Sie an sehr persönliche und »lebensnahe« Beiträge. Hierzu empfiehlt es sich auch, nahe Anverwandte der Brautleute mit einzubeziehen. Falls diese sich nicht aktiv an der Zeitung beteiligen möchten, mögen sie trotzdem sehr hilfreich bei der Recherche sein: Sie können Insider-Informationen sowie Fotos aus Baby- und Kindertagen liefern und auch von der einen oder anderen Marotte der Hochzeiter berichten. Derartige Angaben sind auch

Punkt für Punkt bis zur druckfrischen Ausgabe

- Redaktionsteam zusammenstellen
- Erste Redaktionssitzung
- Wahl des Chefredakteurs
- Terminplan festlegen
- Informanten suchen und ansprechen
- Materialsammlung
- Format und Umfang festlegen
- Inhaltliche Strukturierung verabschieden
- Gestaltung im Detail bestimmen
- Kalkulation der gesamten Kosten für Fotos, Papier, Kopien oder Druck und Bindung
- Bilder scannen
- Die einzelnen Seiten layouten
- Textblöcke einfügen
- Seiten ausdrucken
- Korrektur aller Seiten
- Endgültiger Druck der Ausgabe
- Binden

wichtig für das Verfassen von Gedichten und Liedtexten über die Brautleute, die in Ihrer Zeitung erscheinen sollten; dazu später mehr (→ Seite 42).
Oben finden Sie einen Überblick über die einzelnen Schritte auf dem Weg zur Hochzeitszeitung, der Ihnen als Spickzettel während der ganzen Produktionsphase dienen soll.

Die erste Redaktionssitzung

In der ersten Besprechung wird ein Chefredakteur bestimmt, der den gesamten Ablauf koordiniert und als zentrale Anlaufstelle fungiert. Ebenso werden in dieser ersten Runde die Aufgaben verteilt: Jeder der Mitarbeiter bekommt einen bestimmten Abschnitt der Zeitung zugeteilt, um den er sich als verantwortlicher Redakteur kümmert.
Sie können allerdings auch vereinbaren, dass einige ausschließlich für Fotos, Zeichnungen und Grafiken verantwortlich sind, andere hingegen nur für Recherche, Materialbeschaffung und Texte. Wer gut mit dem Computer umgehen kann und technisch begabt ist, wird mit dem Scannen der Bilder, dem Satz und der Fertigstellung der Hochzeitszeitung betraut.

Als nächstes klären Sie untereinander ab, in welchem Umfang und Format die Zeitung erscheinen soll. »Richtige« Zeitungen erscheinen meist im DIN-A3-Format, als brauchbarer für private Zwecke hat sich allerdings das DIN-A4-Format erwiesen. Denn wer besitzt schon einen Drucker für DIN-A3-Papier? Auch beim Binden ist ein kleineres Format leichter zu handhaben.

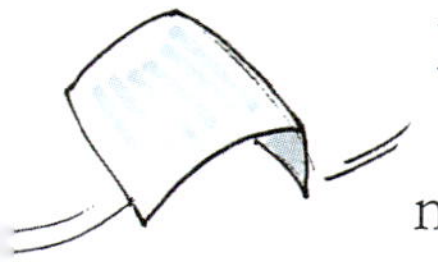

Was den Umfang anbetrifft, empfehlen sich sechs bis zwölf Seiten. Wenn Sie mit mehr Seiten auftreten möchten, müssen Sie vorab prüfen, ob Sie auch genügend Ideen und Beiträge dazu auf Lager haben, denn eine Seite will erst einmal gefüllt werden.

Sind Sie sich über Seitenanzahl und Format im Klaren, stellt sich die Frage, wie die Zeitung bebildert werden soll: überwiegend durch Fotos oder mehr durch Zeichnungen, oder aber nur Fotos oder nur Zeichnungen? Darüber hinaus muss geklärt werden, ob die Bilder farbig oder schwarzweiß erscheinen sollen. Mitbestimmend bei diesen Entscheidungen sind in jedem Fall die Kosten. Legen Sie jetzt schon fest, wie viel Sie als Team für die Erstellung der Hochzeitszeitung aufzubringen bereit sind. Bestimmen Sie ein Budget, in dessen Rahmen sich die Kosten bewegen sollten. Budgetfreundlich sind Annoncen: Gehen Sie die Liste der zur Hochzeit geladenen Gäste durch, und sehen Sie nach, ob sich darunter nicht der eine oder andere Besitzer einer Firma befindet, der Interesse an Werbung in Ihrem Blatt haben könnte und dafür einen Obolus entrichtet.

Schließlich legen Sie noch Termine für Ihre nächsten Treffen fest. Gut sind Redaktionssitzungen im zweiwöchigen Turnus. In der turbulenten Endphase vor der Drucklegung werden Sie sich sicherlich öfter treffen.

Terminübersicht

- Drei Monate vor der Hochzeit findet die erste Redaktionssitzung statt.
- Spätestens eine Woche vor dem Fest sollte das erste Exemplar fertig sein, sodass Sie noch genügend Zeit für eventuelle Korrekturen haben.
- Für die Druck- oder Kopierphase sollten Sie mindestens zwei Tage veranschlagen.

Schnellkurs: Wie gestalte ich eine Zeitung?

Damit Ihre Mühen auch das gewünschte Ergebnis zeitigen, sind einige Grundkenntnisse hinsichtlich Gestaltung, Layout und Seitenaufbau sowie Schriftwahl hilfreich. Denn wenn Sie die Seiten wie bei einem Brief einfach von oben links nach unten rechts betexten, werden Sie wenig Begeisterung bei der Leserschaft hervorrufen. Selbst die beste »Schreibe« ist ohne eine ansprechende optische Verpackung nur noch halb so gut.

Der Satzspiegel

Wie sich Ihr Werk optisch präsentiert, bestimmen Sie durch das Layout. Zuerst wird der Satzspiegel bestimmt: Dies ist der Raum, der auf jeder Seite mit Texten und Bildern gefüllt wird. Er geht nicht bis zum Blattrand, sondern hat einen bestimmten Abstand zum oberen, unteren, rechten und linken Blattrand, den Sie vorab festlegen müssen und der auf allen Seiten der Zeitung gleich ist. Der einheitliche Rahmen fördert das schnelle Erfassen von Text- und Bildinhalten und ergibt ein harmonisches Gesamtbild.
Der Satzspiegel wird für unsere Zeitung in zwei oder drei Spalten unterteilt. Vier Spalten sollten Sie vermeiden, denn wenn die Textzeilen innerhalb einer Spalte zu schmal werden, sieht sich der Leser mit permanenten Trennungsstrichen konfrontiert. Zu breite Spalten lassen das Auge hingegen schnell ermüden. Als guten Mittelweg sollten Sie eine Spaltenbreite wählen, bei der pro Zeile zwischen 30 und 40 Anschläge unterzubringen sind; das ist am lesefreundlichsten.

Unter- oder oberhalb des Satzspiegels ist Platz für die Angabe der Seitenzahl. Wenn Sie möchten, können Sie hier auch den Titel der Zeitung, die jeweilige Rubrik und das Erscheinungsjahr vermerken.

Block- oder Flattersatz?

Dann muss noch entschieden werden, wie der Text »laufen« soll: linksbündig, rechtsbündig oder als Blocksatz? Links-

Der Satzspiegel

Wie sich Ihr Werk optisch präsentiert, bestimmen Sie durch das Layout. Zuerst wird der Satzspiegel bestimmt. Dies ist der Raum, der auf jeder Seite mit Texten und Bildern gefüllt wird. Er geht nicht bis zum Blattrand, sondern hat einen bestimmten Abstand zum oberen, unteren, rechten und linken Blattrand, den Sie vorab festlegen müssen und der auf allen Seiten der Zeitung gleich ist. Der einheitliche Rahmen fördert das schnelle Erfassen von Text- und Bildinhalten und ergibt ein harmonisches Gesamtbild.
Der Satzspiegel wird für unsere Zeitung in zwei oder drei Spalten unterteilt. Vier Spalten sollten Sie vermeiden, denn wenn die Textzeilen innerhalb einer Spalte zu schmal werden, sieht sich der Leser mit permanenten Trennungsstrichen konfrontiert. Zu breite Spalten lassen das Auge hingegen schnell ermüden. Als guten Mittelweg sollten Sie eine Spaltenbreite wählen, bei der pro Zeile zwischen 30 und 40 Anschläge unterzubringen sind; das ist am lesefreundlichsten.

Block- oder Flattersatz?

Dann muss noch entschieden werden, wie der Text »laufen« soll: linksbündig, rechtsbündig oder als Blocksatz?
Linksbündig bedeutet, dass die Zeilen am linken Rand ausgerichtet werden. Beim rechtsbündigen Satz werden sie am rechten Rand ausgerichtet. In beiden Fällen sind die Zeilen am gegenüberliegenden Rand verschieden lang und bilden keinen geraden Abschluss, weshalb man auch von »Flattersatz« spricht.
Beim Blocksatz verläuft der Text links wie rechts »bündig«, das heißt gerade. Das sieht zwar ordentlich aus, bringt aber auch unterschiedlich große Wortzwischenräume mit sich. Wofür Sie sich letztlich entscheiden, unterliegt Ihrem ästhetischen Empfinden: generelle Empfehlun- gen lassen sich hierzu schwerlich geben.
Als Faustregel für Illustrationen gilt: Steht das Bild rechts vom Text, läuft dieser rechtsbündig. Steht das Bild links vom Text, sollte dieser entsprechend linksbündig laufen.

Illustrationen

Das Erste, worauf der Blick des Lesers fällt, sind die Abbildungen: Fotos, Zeichnungen und Grafiken. Danach liest er die zugehörigen Bildunterschriften sowie die Überschriften, und erst dann richtet sich sein Interesse auf den eigentlichen Text. Abbildungen haben einen ebenso hohen Stellenwert wie der Text. Dies sollten Sie bei der Gestaltung der Hochzeitszeitung immer berücksichtigen. Versuchen Sie, originelle Illustrationen zu finden und diese so zu platzieren, dass sie den Leser »in die Seite ziehen«.
Das treffendste und wichtigste Bild wird groß herausgestellt. Um den Hingucker herum können Sie dann einige kleinere Illustrationen oder Fotos setzen. Was am besten aussieht, können Sie gemeinsam in der Redaktionsrunde anhand verschiedener Positionierungen ausprobieren – am besten geht dies direkt am Computer. Nach einer Weile werden Sie den richtigen Blick dafür bekommen.
Auch wenn Illustrationen bedeutende Elemente einer Zeitung sind, sollte man nicht übertreiben und die Seiten mit Bildern überfrachten. Dass der Leser zwischen zahllosen Abbildungen den Text suchen muss, ist nicht Sinn der Sache.

Die Schrift

Schriften gibt es wie Sand am Meer – nicht zuletzt, seit der Computer im Berufs- und Privatleben Einzug gehalten hat. Für welche Sie sich entscheiden, obliegt einzig und allein Ihrem Geschmack. Dass die Schrift in allen Größen gut lesbar sein muss, versteht sich von selbst.
Sie können auch verschiedene Schriften in Ihrer Zeitung verwenden, beispielsweise Bildunterschriften oder einführende Texte in einer anderen Schrift als im laufenden Text. Mehr als zwei sollten es allerdings nicht sein, denn das macht die Gestaltung nicht interessanter, sondern schlichtweg unübersichtlicher. Innerhalb einer Schrift gibt es meistens noch Variationsmöglichkeiten, indem man sie kursiv (leichte Schräglage), fett oder in Versalien (Großbuchstaben) setzt.

Hier eine der unzähligen Möglichkeiten für ein Layout: zwei Spalten und der Text im Blocksatz, die Überschriften mittig ausgerichtet.

bündig bedeutet, dass die Zeilen am linken Rand ausgerichtet werden. Beim rechtsbündigen Satz werden sie am rechten Rand ausgerichtet. In beiden Fällen sind die Zeilen am gegenüberliegenden Rand verschieden lang und bilden keinen geraden Abschluss, weshalb man auch von »Flattersatz« spricht.
Beim Blocksatz verläuft der Text links wie rechts »bündig«, das heißt gerade. Das sieht zwar ordentlich aus, bringt aber auch unterschiedlich große Wortzwischenräume mit sich. Wofür Sie sich letztlich entscheiden, unterliegt Ihrem ästhetischen Empfinden; generelle Empfehlungen lassen sich hierzu schwerlich geben.

Just married

Der Satzspiegel

Wie sich Ihr Werk optisch präsentiert, bestimmen Sie durch das Layout. Zuerst wird der Satzspiegel bestimmt: Dies ist der Raum, der auf jeder Seite mit Texten und Bildern gefüllt wird. Er geht nicht bis zum Blattrand, sondern hat einen bestimmten Abstand zum oberen, unteren, rechten und linken Blattrand, den Sie vorab festlegen müssen und der auf allen Seiten der Zeitung gleich ist. Der einheitliche Rahmen fördert das schnelle Erfassen von Text- und Bildinhalten und ergibt ein harmonisches Gesamtbild.
Der Satzspiegel wird für unsere Zeitung in zwei oder drei Spalten unterteilt. Vier Spalten sollten Sie vermeiden, denn wenn die Textzeilen innerhalb einer Spalte zu schmal werden, sieht sich der Leser mit permanenten Trennungsstrichen konfrontiert. Zu breite Spalten lassen das Auge hingegen schnell ermüden. Als guten Mittelweg sollten Sie eine Spaltenbreite wählen, bei der pro Zeile zwischen 30 und 40 Anschläge unterzubringen sind; das ist am lesefreundlichsten.

Block- oder Flattersatz?

Dann muss noch entschieden werden, wie der Text »laufen« soll: linksbündig, rechtsbündig oder als Blocksatz?
Linksbündig bedeutet, dass die Zeilen am linken Rand ausgerichtet werden. Beim rechtsbündigen Satz werden sie am rechten Rand ausgerichtet. In beiden Fällen sind die Zeilen am gegenüberliegenden Rand verschieden lang und bilden keinen geraden Abschluss, weshalb man auch von »Flattersatz« spricht.
Beim Blocksatz verläuft der Text links wie rechts »bündig«, das heißt gerade. Das sieht zwar ordentlich aus, bringt aber auch unterschiedlich große Wortzwischenräume mit sich. Wofür Sie sich letztlich entscheiden, unterliegt Ihrem ästhetischen Empfinden; generelle Empfehlun- gen lassen sich hierzu schwerlich geben.
Als Faustregel für Illustrationen gilt: Steht das Bild rechts vom Text, läuft dieser rechtsbündig. Steht das Bild links vom Text, sollte dieser entsprechend linksbündig laufen.

Illustrationen

Das Erste, worauf der Blick des Lesers fällt, sind die Abbildungen: Fotos, Zeichnungen und Grafiken. Danach liest er die zugehörigen Bildunterschriften sowie die Überschriften, und erst dann richtet sich sein Interesse auf den eigentlichen Text. Abbildungen haben einen ebenso hohen Stellenwert wie der Text. Dies sollten Sie bei der Gestaltung der Hochzeitszeitung immer berücksichtigen. Versuchen Sie, originelle Illustrationen zu finden und diese so zu platzieren, dass sie den Leser »in die Seite ziehen«.
Das treffendste und wichtigste Bild wird groß herausgestellt. Um den Hingucker herum können Sie dann einige kleinere Illustrationen oder Fotos setzen. Was am besten aussieht, können Sie gemeinsam in der Redaktionsrunde anhand verschiedener Positionierungen ausprobieren – am besten geht dies direkt am Computer. Nach einer Weile werden Sie den richtigen Blick dafür bekommen.
Auch wenn Illustrationen bedeutende Elemente einer Zeitung sind, sollte man nicht übertreiben und die Seiten mit Bildern überfrachten. Dass der Leser zwischen zahllosen Abbildungen den Text suchen muss, ist nicht Sinn der Sache.

Die Schrift

Schriften gibt es wie Sand am Meer – nicht zuletzt, seit der Computer im Berufs- und Privatleben Einzug gehalten hat. Für welche Sie sich entscheiden, obliegt einzig und allein Ihrem Geschmack. Dass die Schrift in allen Größen gut lesbar sein muss, versteht sich von selbst.
Sie können auch verschiedene Schriften in Ihrer Zeitung verwenden, beispielsweise Bildunterschriften oder einführende Texte in einer anderen Schrift als im laufenden Text. Mehr als zwei sollten es allerdings nicht sein, denn das macht die Gestaltung nicht interessanter, sondern schlichtweg unübersichtlicher. Innerhalb einer Schrift gibt es meistens noch Variationsmöglichkeiten, indem man sie kursiv (leichte Schräglage), fett oder in Versalien bzw. Kapitälchen (Großbuchstaben) setzt.

Die dreispaltige Variante im linksbündigen Flattersatz, die Überschriften ebenfalls linksbündig ausgerichtet.

Als Faustregel für Illustrationen gilt: Steht das Bild rechts vom Text, läuft dieser rechtsbündig. Steht das Bild links vom Text, sollte dieser entsprechend linksbündig laufen.

Illustrationen

Das Erste, worauf der Blick des Lesers fällt, sind die Abbildungen: Fotos, Zeichnungen und Grafiken. Danach liest er die zugehörigen Bildunterschriften sowie die Überschriften, und erst dann richtet sich sein Interesse auf den eigentlichen Text. Abbildungen haben einen ebenso hohen Stellenwert wie der Text. Dies sollten Sie bei der Gestaltung der Hochzeitszeitung immer berücksichtigen. Versuchen Sie, originelle Illustrationen zu finden und diese so zu platzieren, dass sie den Leser »in die Seite ziehen«.

Fotos sollten Sie mit Bildunterschriften versehen, die das Dargestellte erläutern. Dies muss keineswegs sachlich-nüchtern geschehen, sondern bietet gute Gelegenheiten für humorvolle Anmerkungen.

Das treffendste und wichtigste Bild wird groß herausgestellt. Um den Hingucker herum können Sie dann einige kleinere Illustrationen oder Fotos setzen. Was am besten aussieht, können Sie gemeinsam in der Redaktionsrunde anhand verschiedener Positionierungen ausprobieren – am besten geht dies direkt am Computer. Nach einer Weile werden Sie den richtigen Blick dafür bekommen.

Auch wenn Illustrationen bedeutende Elemente einer Zeitung sind, sollte man nicht übertreiben und die Seiten mit Bildern überfrachten. Dass der Leser zwischen zahllosen Abbildungen den Text suchen muss, ist nicht Sinn der Sache.

Die Schrift

Schriften gibt es wie Sand am Meer – nicht zuletzt, seit der Computer im Berufs- und Privatleben Einzug gehalten hat. Für welche Sie sich entscheiden, obliegt einzig und allein Ihrem Geschmack. Dass die Schrift in allen Größen gut lesbar sein muss, versteht sich von selbst.
Sie können auch verschiedene Schriften in Ihrer Zeitung verwenden, beispielsweise Bildunterschriften oder einführende Texte in einer anderen Schrift als im laufenden Text. Mehr als zwei sollten es allerdings nicht sein, denn das macht die Gestaltung nicht interessanter, sondern schlichtweg unübersichtlicher. Innerhalb einer Schrift gibt es meistens noch Variationsmöglichkeiten, indem man sie kursiv (leichte Schräglage), fett oder in Versalien (Großbuchstaben) setzt.
Von Bedeutung für die Lesefreundlichkeit ist auch der Zeilenabstand: Ist er zu eng, strengt er das Auge zu sehr an, ist er zu weit gewählt, stört er den Lesefluss. Generell bewährt hat sich ein 1,5-zeiliger Abstand. Abhängig von der gewählten Schriftart könnte aber auch ein ein- oder zweizeiliger Zwischenraum geeignet sein: Probieren Sie die verschiedenen Möglichkeiten anhand eines kurzen Textabschnitts aus.

Die Überschriften

Headlines nennen sie die Profis und meinen damit sowohl die Schlagzeile auf der Aufmacherseite – der ersten Seite der Zeitung – als auch die kleinen Zwischenüberschriften im laufenden Text. Allen, ob groß oder klein, ist gemeinsam, dass sie prägnant sein müssen und demzufolge nicht zu lang. Sie sollen auf den darunter folgenden Text neugierig machen und diesen einleiten, aber auch für sich selbst eine Aussage haben. Sie ahnen vielleicht bereits: Das Texten von Überschriften ist eine Kunst, bei der sich auch viele Profis immer wieder die Zähne ausbeißen.

Just married

Der Satzspiegel

Wie sich Ihr Werk optisch präsentiert, bestimmen Sie durch das Layout. Zuerst wird der Satzspiegel bestimmt: Dies ist der Raum, der auf jeder Seite mit Texten und Bildern gefüllt wird. Er geht nicht bis zum Blattrand, sondern hat einen bestimmten Abstand zum oberen, unteren, rechten und linken Blattrand, den Sie vorab festlegen müssen und der auf allen Seiten der Zeitung gleich ist. Der einheitliche Rahmen fördert das schnelle Erfassen von Text- und Bildinhalten und ergibt ein harmonisches Gesamtbild.
Der Satzspiegel wird für unsere Zeitung in zwei oder drei Spalten unterteilt. Vier Spalten sollten Sie vermeiden, denn wenn die Textzeilen innerhalb einer Spalte zu schmal werden, sieht sich der Leser mit permanenten Trennungsstrichen konfrontiert. Zu breite Spalten lassen das Auge hingegen schnell ermüden. Als guten Mittelweg sollten Sie eine Spaltenbreite wählen, bei der pro Zeile zwischen 30 und 40 Anschläge unterzubringen sind; das ist am lesefreundlichsten.

Block- oder Flattersatz?

Dann muss noch entschieden werden, wie der Text »laufen« soll: linksbündig, rechtsbündig oder als Blocksatz?
Linksbündig bedeutet, dass die Zeilen am linken Rand ausgerichtet werden. Beim rechtsbündigen Satz werden sie am rechten Rand ausgerichtet. In beiden Fällen sind die Zeilen am gegenüberliegenden Rand verschieden lang und bilden keinen geraden Abschluss, weshalb man auch von »Flattersatz« spricht.
Beim Blocksatz verläuft der Text links wie rechts »bündig«, das heißt gerade. Das sieht zwar ordentlich aus, bringt aber auch unterschiedlich große Wortzwischenräume mit sich. Wofür Sie sich letztlich entscheiden, unterliegt Ihrem ästhetischen Empfinden; generelle Empfehlungen lassen sich hierzu schwerlich geben.
Als Faustregel für Illustrationen gilt: Steht das Bild rechts vom Text, läuft dieser rechtsbündig. Steht das Bild links vom Text, sollte dieser entsprechend linksbündig laufen.

Für Illustrationen gilt in der Regel: Steht das Bild rechts vom Text, läuft dieser rechtsbündig. Steht das Bild links vom Text, linksbündig.

Desweiteren sollten Überschriften so platziert sein, dass sie einerseits den Lesefluss nicht unterbrechen und andererseits den Text in leicht verdauliche Häppchen unterteilen.

Grafische Elemente

Findet sich keine geeignete Abbildung für eine Seite, gibt es die Möglichkeit, diese dennoch durch einen zum Text passenden und in Gänsefüßchen gesetzten Sinnspruch oder ein Zitat aufzulockern – auch dies bietet dem Leserblick eine Anlaufstelle, bevor er sich dem Text zuwendet. Ebenso können grafische Elemente wie Kästen, Hintergrundschattierungen, Symbole und Unterstreichungen die Seiten optisch »öffnen«, sofern sie in Maßen eingesetzt werden.

Beispiel: Helvetica
Es gibt Schriften ohne Serifen (= Abschlussstriche an den Enden der Buchstaben), die so genannten Groteskschriften. Sie werden gerne für Überschriften verwendet.

Beispiel: Times New Roman
Längere Textzeilen (also der laufende Text nach einer Schlagzeile) sind in der Regel besser lesbar, wenn sie in einer Schrift mit Serifen gesetzt wurden – einer so genannten Antiqua.

Varianten der Grundform

Kursiv	*Kursiv*
Fett	**Fett**
VERSALIEN	VERSALIEN
KAPITÄLCHEN	KAPITÄLCHEN

Einige Beispiele für die schier unerschöpfliche Vielfalt an Schriften, die heutzutage im Einsatz sind, und deren Varianten.

Das Titelblatt

Dem Titelblatt, auch Aufmacher genannt, sollten Sie besondere Aufmerksamkeit widmen, denn darauf ist der erste Blick des Lesers gerichtet, und entsprechend fällt auch sein erstes Urteil aus. Bevor Sie sich an die Arbeit machen, ist es hilfreich, sich die Titelseiten verschiedener Tages- und Wochenzeitungen anzusehen. Um die Neugier der Leser zu wecken, bedarf es einer griffigen, originellen Schlagzeile. Sie steht meistens unter dem Zeitungskopf, der den Namen des Blattes sowie Angaben zum Erscheinungsdatum (der Hochzeitstag!), zur Höhe der Auflage und zum Erscheinungsort (wo die Trauungsfeierlichkeiten stattfinden!) enthält.

Darüber hinaus darf auch ein Foto nicht fehlen – in unserem Fall eines, das das Brautpaar zeigt. Aber möglichst nicht in einer gestellten Situation. Wesentlich amüsanter sind Schnappschüsse, beispielsweise der Bräutigam mit Flossen und Schnorchel am Meer oder die Braut beim Genuss eines Kuchenstücks. Wenn sich kein witziges Foto von beiden gemeinsam auftreiben lässt, stellen Sie ein Bild von ihr neben eines von ihm.

Das Finden einer prägnanten, guten Schlagzeile für die Titelseite ist, wie Sie sicher auch festellen werden, nicht so einfach. Lassen Sie sich damit Zeit, oft ergibt sich erst im Verlauf der Produktion die passende Überschrift, die als Motto über der gesamten Zeitung steht.

Statt der bei Tageszeitungen üblichen Gestaltung können Sie dem Titelblatt auch mittels Zeichnungen, Fotos, Collagen oder besonderem Papier eine künstlerische Anmutung geben. Nachstehend ein paar Anregungen, die Ihre Fantasie vielleicht ein wenig beflügeln.

Literarisch Verpassen Sie der Zeitung ein literarisches Outfit, ähnlich einem Gedichtband: Dazu besorgen Sie in einem Papierfachgeschäft edles Papier (Stückzahl entsprechend der Auflage → Seite 38) und lassen in Gold oder Silber den Titel der Zeitung aufdrucken.
Heimatblatt Kopieren Sie die Titelseite von der Tageszeitung des Ortes, wo die Trauungsfeierlichkeiten stattfinden, und nehmen Sie die Kopie als Deckblatt. Besonders witzig wäre es, wenn Sie die Ausgabe jenes Tages kopieren könnten, an dem sich Ihre Freunde kennen gelernt haben.
Collagen Dazu verwenden Sie verschiedene Geschenkpapiere sowie Fotos und Abbildungen aus Zeitungen oder aber Textpassagen und Überschriften aus Zeitschriften, die sich in irgendeiner Weise mit den Themen Liebe und Heirat befassen. Mit Schnipseln von diesen Papieren kleben Sie eine Collage auf das Deckblatt. Dann fertigen Sie davon so viele Farb- oder Schwarzweißkopien an, wie Sie für Ihre Auflage benötigen.
Comic Kopieren Sie aus einem Comic eine passende Szene, und füllen Sie die Sprechblasen mit neuem Text.

Zur Produktion

Nach dieser kurzen Einführung in die gestalterischen Grundlagen des Zeitungsmachens stellt sich Ihnen nun sicherlich die Frage, wie diese produziert wird. Hierzu gibt es die verschiedensten Möglichkeiten, angefangen vom Hantieren mit Schere und Klebstoff und anschließendem Kopieren bis zum vollständigen Erstellen am Computer.
Obwohl sich auch in »Handarbeit« eine gut gestaltete Hochzeitszeitung produzieren lässt, sollten Sie hierzu, wenn irgend möglich, einen Computer nutzen. Der Aufbau der Seiten per Hand und Kopiergerät ist wesentlich zeitaufwändiger und – haben Sie die Seiten erst einmal geklebt – nur schwer wieder zu verändern. Außerdem nimmt die Qualität der Fotos beim Kopieren ab. Am PC hingegen können Sie nach Belieben mit den Schrifttypen und -größen, den Zeilenabständen und den Platzierungen von Illustrationen, Überschriften und Textblöcken spielen. Zudem entfällt bei der Produktion am Computer das Kopieren der Seiten im Kopierladen, was die Kosten reduziert und Zeit und Nerven spart.

Falls Sie selbst keinen Computer haben und dessen Handhabung nicht beherrschen, findet sich in Ihrem Redaktionsteam sicherlich jemand, der die erforderlichen Werkzeuge besitzt: Dazu gehören ein PC, ein nicht zu kleiner Bildschirm, ein Drucker und ein gutes Textverarbeitungssystem. Die heute übliche Software, beispielsweise Microsoft Word, bietet ausreichend Möglichkeiten, um die Zeitung wie beschrieben zu gestalten und zu produzieren.
Stehen Satzspiegel, Schrift(en), Schriftgröße und Spaltenzahl fest, wird das Dokument entsprechend dieser Vorgaben eingerichtet. Danach fügen Sie Bilder und Texte ein und drucken anschließend alles aus. Von Vorteil ist, wenn die Autoren ihre Texte bereits auf Diskette abgeben. Meist erweist sich der Text hier und dort als zu lang. Textüberhänge kürzen Sie, indem Sie ganze Passagen streichen oder Sätze kürzer formulieren. Fehlt Text, müssen Sie noch etwas hinzuschreiben. Falls dies nicht möglich ist, können Sie eine kleine Zeichnung oder ein grafisches Element einfügen. Oder Sie vergrößern ein oder mehrere Bilder der betreffenden Seite.

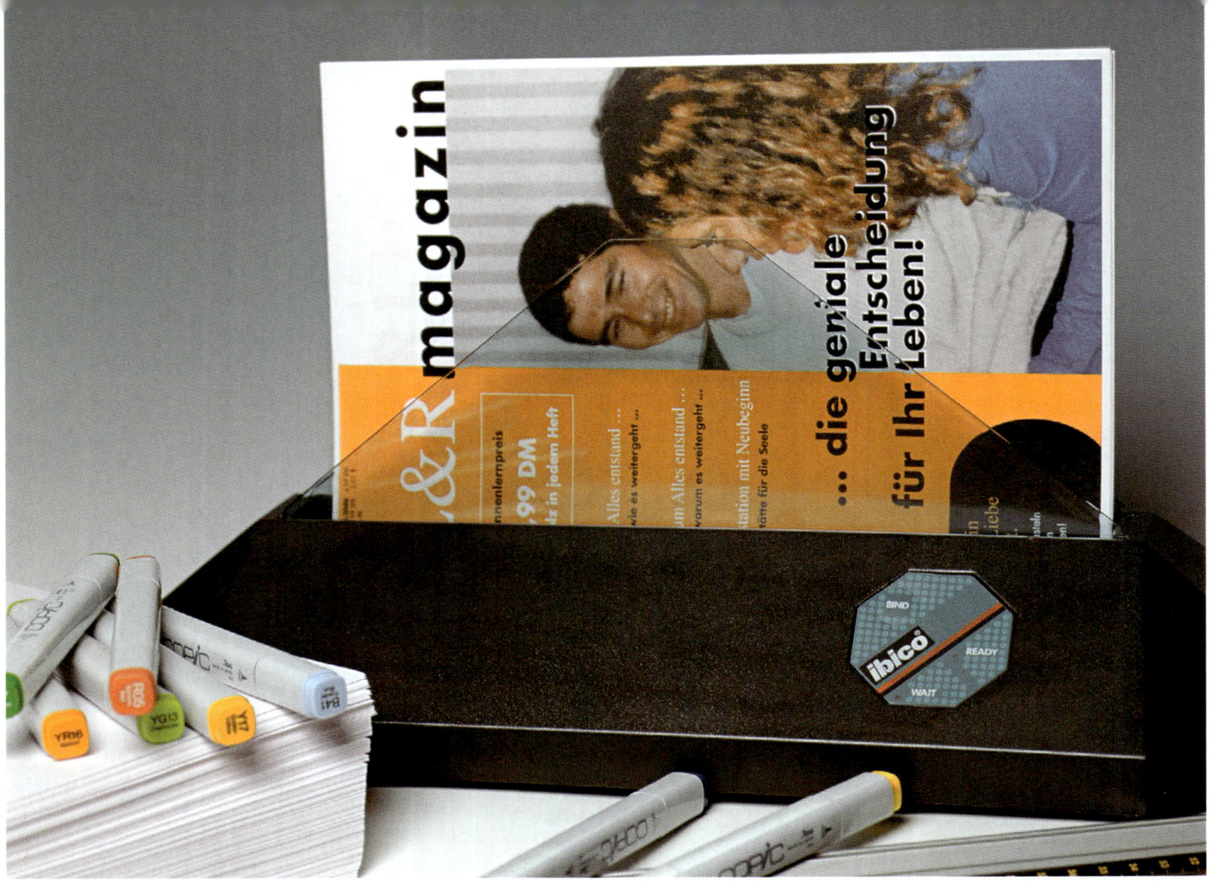

Wichtige Utensilien für die Hochzeitszeitung sind Layoutstifte zum Scribbeln und ein Bindegerät.

Die Auflagenhöhe

Wenn alle Seiten fertig sind, geht es an das Ausdrucken. Wie viele Exemplare Sie von jeweils einer Seite drucken müssen, richtet sich danach, wie viele Gäste zur Hochzeit eingeladen sind. Kalkulieren Sie 30 bis 40 Exemplare mehr ein. Diese dienen als Sicherheitsreserve, denn erfahrungsgemäß gehen immer einige Zeitungen im Festtagstrubel verloren. Darüber hinaus möchte auch das Hochzeitspaar meist gerne einige Ausgaben mehr haben, um diese an Verwandte und Bekannte zu verschicken, die bei der Feier nicht dabei sein konnten.

Binden

Als Bindung eignet sich eine einfache Fadenbindung: Dabei werden die gelochten Seiten durch ein schönes Band zusammengehalten. Eine andere Möglichkeit besteht darin, die Seiten mit Heftklammern aneinander zu heften und diese anschließend mit einem weißen Klebeband faltenfrei zu überkleben.
Wenn Sie es noch perfekter haben möchten, empfehlen sich so genannte Spiralbindungen. Dazu bedarf es allerdings eines speziellen Geräts, das normalerweise in Buchbindereien und Kopierläden gegen ein Entgelt genutzt werden kann. Hinzu kommen noch die Materialkosten für die Spiralen.
Sehr professionell, allerdings ebenfalls mit Kosten verbunden, sind Heißbindungen. Auch diese können Sie bei Buchbindereien und Kopierläden in Auftrag geben.

Gut sichern

Sicherheitshalber sollten Sie von der Datei, in der sich Ihre Hochzeitszeitung befindet, mehrere Kopien auf Disketten speichern und diese an einem für Datenträger geeigneten Ort aufbewahren. Es wäre zu schade, wenn Sie nach dem Fest noch einmal nach einem Exemplar gefragt würden und dann bedauernd den Kopf schütteln müssten. Und außerdem: Wer weiß, ob in Ihrem Freundeskreis nicht bald wieder geheiratet wird und Sie nicht eine Vorlage brauchen?

Die Inhalte Ihrer Zeitung

Nach dem äußeren Rahmen nun zum Innenleben, sprich dazu, was die Leser erwartet, wenn sie die Zeitung aufschlagen. Selbstverständlich findet man hier – schließlich ist es ja das Extrablatt zum Hochzeitstag – alles Wissenswerte über Braut und Bräutigam.

Dazu gehört in jedem Fall die Geschichte, wie sich die beiden kennen gelernt haben; präsentiert im Stil einer Sensationsmeldung, eines Kurzkrimis oder als abgeschlossene Love-Story mit einer gehörigen Portion Herzschmerz. Bestens bewährt haben sich auch Anekdoten aus Kinder- und Junggesellentagen sowie Interviews mit den Eltern der Brautleute oder ehemaligen Mitschülern und Lehrern. Zwischen die einzelnen Beiträge kann man Zitate und Gedichte, zum Leben im Allgemeinen und der Liebe im Besonderen, streuen.
In diesem Sinne finden Sie auf den folgenden Seiten vielerlei Anregungen, wie Sie die Zeitung inhaltlich aufbauen und mit pfiffigen, kurzweiligen Beiträgen »füttern«.

Anmutung und Sprache der Festzeitung sollten nichts »Rührseliges« haben, sondern vielmehr spritzig-witzig und ruhig auch ein bisschen frech sein.

Die Recherche

Eine intensive und genaue Recherche bildet die Grundlage für einen guten Text und entsprechend für eine gute Zeitung. Diesen Leitsatz des Journalismus sollten auch Sie sich auf die Fahne schreiben.
Je mehr Sie über das Brautpaar herausfinden können, desto besser wird die Hochzeitszeitung.
Tragen Sie alle Informationen, die Sie bekommen können, zusammen: Anekdoten über Braut und Bräutigam, Fotos

aus Baby- und Kindertagen, Schulzeugnisse. Sie benötigen auch die Daten von Geburtstag, Taufe, Einschulung, Konfirmation oder Kommunion, Schulabschluss und Berufsbeginn.

Recherchieren Sie die Lebensläufe der beiden Partner so exakt wie möglich. Als Informationsquellen dienen vor allem die Eltern, Geschwister, früheren Mitschüler, Arbeitskollegen und Clubkameraden. Fragen Sie diese auch nach typischen Charaktereigenschaften oder nach besonderen Ereignissen in der Schulzeit, auf Reisen und auf Ausflügen – und nach der ersten Liebe. Es gibt nichts, was nicht interessant für Sie sein könnte, denn je mehr Material Sie besitzen, desto bunter werden die Geschichten.

Bei Ihren Rechercheterminen im Umkreis der Brautleute sollten Sie auch gleich nach eventuell vorhandenen Fotos fragen, womit Sie das Erzählte entsprechend illustrieren können. Wichtig sind auch Fotos von der ganzen Familie sowie Einzelporträts der Verwandten – besonders für den Stammbaum (→ Seite 46–47).

Durchforsten Sie Zeitschriften und Zeitungen, und sammeln Sie Beiträge, Statistiken, Kommentare, Fotos, Cartoons sowie Gedichte zu den Themen Liebe und Ehe. Aus ausgeschnittenen Überschriften und Fotos aus Zeitschriften können Sie witzige Collagen zusammenstellen. Wertvolle Beiträge finden Sie auch im Internet.

Wenn der Bräutigam oder die Braut musisch begabt ist, können Sie dies in der Sparte »Kultur« lobend hervorheben und durch entsprechende Fotos dokumentieren.

Inhaltliche Gliederung

Liebe und Ehe und der Lebenslauf von Braut und Bräutigam sind der rote Faden, der sich durch alle Seiten Ihres Blattes zieht. Ähnlich wie in Tageszeitungen empfehlen sich zur Gliederung des Stoffes verschiedene Rubriken: Aktuelles, Politik, Lokales, Feuilleton, Wirtschaft, Sport, Reisen.

Aktuelles bringt – ganz klar – Details zur Hochzeitsfeier: den Programmablauf, Nennung der wichtigsten Akteure (Trauzeugen etc.), das Hochzeitsmenü, wer wann – falls vorab bekannt – eine Rede hält und vieles mehr.

Unter der Rubrik Politik findet der Leser unterschiedliche Meinungen über das Brautpaar und deren Heirat, unter Lokales Informationen über die Kirche und das Standesamt und über den Ort der anschließenden Hochzeitsfeier.

Im Feuilleton können Sie die Besprechung eines Buches mit dem Inhalt »das Vorleben des Bräutigams«, eine Theaterkritik über »Szenen aus dem partnerschaftlichen Leben« oder eine Filmkritik über die auf Zelluloid gebannte Hochzeitsreise des Paares unterbringen.
Im Wirtschaftsteil stehen Anspielungen auf die prekäre finanzielle Lage des Paares oder über die Verschwendungssucht der Braut bzw. des Bräutigams. Desweiteren finden die Leser (Heirats-)Marktanalysen und den aktuellen Stand der Aktien in Sachen Liebe.
Beim Thema Sport berichten Sie dann abhängig von den diesbezüglichen Interessen des Paares von deren sportlichen Höchstleistungen, aber auch von kleinen oder größeren Missgeschicken – möglichst mit eindrücklichen Fotos belegt.
Die Rubrik Reise befasst sich schließlich, nicht allzu ernsthaft, mit dem Ziel der Flitterwochen und gibt aufschlussreiche Einblicke in frühere, vielleicht auch schon gemeinsame Reisen der Brautleute. Auch hierzu werden natürlich passende Fotos benötigt.
Auf die erste Innenseite kommt das Vorwort, in dem Sie persönliche Worte an die Hochzeiter richten und Anekdoten im Zusammenhang mit der Produktion der Zeitung zum Besten geben können. Auf derselben Seite findet auch das Inhaltsverzeichnis Platz. Hier werden die Rubriken und die einzelnen Beiträge mit Seitenzahlen aufgeführt.

Die Produktion einer Zeitung setzt viel Engagement voraus. Ein Grund mehr, am Hochzeitstag mit allen darauf anzustoßen.

Vergessen Sie auf der letzten oder vorletzten Seite nicht ein Horoskop (→ Seite 49) sowie Anzeigen, in denen bestimmte Dienstleistungen, die von Braut und Bräutigam des öfteren in Anspruch genommen werden, durch Freunde und Bekannte feilgeboten werden. Ebenso darf zum Abschluss nicht die Gästeliste (→ Seite 48) fehlen.
Außerhalb der genannten Rubriken bringen Sie als große Titel-Story einen Bericht darüber, wie die Brautleute sich kennen und lieben gelernt haben, sowie Gedichte und Zitate.

Bewährte Beiträge

Auf den folgenden Seiten finden Sie konkrete Vorschläge, womit Sie die Seiten füllen können, und bereits ausgearbeitete Texte, die Sie als Anregung für eigene Beiträge betrachten sollten.
Vorab eine alphabetische Übersicht über mögliche Themen; eine Reihe davon sind im weiteren Verlauf genauer beschrieben:

Themen-Fundus

- Ablassbrief zur Vergebung vorehelicher Sünden
- Anonyme Bekenntnisse des Brautpaares
- Aphrodisiaka
- Aus den wilden vorehelichen Jahren
- Der Wetterbericht für die Ehe
- Ehestandsgebote
- Eheverfassung
- Es gratulieren (Firmenlogos des Heimatortes oder Prominente aus Zeitungen ausschneiden und aufkleben)
- Festgedicht
- Festordnung
- Flitterwochenkalender
- Gästeliste
- Grüße an die Gäste
- Hochzeitsrätsel
- Horoskope
- Impressum
- Jahres-Gesundheitshoroskop
- Jahres-Mondkalender
- Kennenlern-Story
- Letzte Warnung an den Bräutigam/die Braut
- Marotten der Brautleute
- Psychotest
- Rat eines erfahrenen Ehemanns an den Bräutigam
- Ratschläge von A bis Z für Eheanfänger
- Rezept für die Ehe
- Schlusswort der Redaktion
- So fing alles an (Karikaturen)
- Speisekarte zum Hochzeitsmenü
- Stammbaum
- Steckbriefe
- Programm des Hochzeitstages
- Was ist Liebe? (Zitate)
- Was kluge Leute zur Ehe sagten (Zitate)
- Was wir euch wünschen
- Weinbrevier zur Hochzeit
- Worte an die Eltern

Poetisches

Ein Festgedicht gehört in jedem Fall in eine Hochzeitszeitung. Wenn Sie sich selbst als Poet betätigen möchten, aber Schwierigkeiten mit Reimen haben, sollten Sie die Prosaform wählen. Nichts ist peinlicher als ein verunglückter Reim oder einer »auf Krücken«. Bevorzugen Sie dennoch die gereimte Form, empfiehlt sich die Lektüre einschlägiger Literatur: In jeder Buchhandlung gibt es einen Leitfaden zum Verfassen von Gedichten oder Vergleichbares.
Bequemer ist es, auf bereits vorhandenes Material zurückzugreifen. Vielleicht finden Sie ja unter den nachfolgenden Texten oder im dritten Kapitel dieses Buches einen geeigneten Vers.
Das erste Gedicht könnte auf der ersten Seite der Zeitung nach dem Aufmacher als »Worte an die Leser« stehen:

Lange haben wir gesessen,
Zeit und Stunde fast vergessen,
viel geschwitzt und simuliert,
nachgedacht und ausprobiert,
bis die Zeitung fertig war,
Gott sei Dank, nun ist sie da!

Dichter waren nicht beteiligt,
und es war auch etwas eilig,
wenn man von der Zeitung nicht
wie von einem Kunstwerk spricht.
So war doch der gute Wille
stark vorhanden in der Stille.

Mögen durch das Fest begleiten
fröhlich euch die nächsten Seiten.
Ist der Witz auch manchmal spröde,
ruft nicht gleich: »Ach je, wie blöde.«
Denkt, dass sie zum Spaß gemacht
und ein jeder auch mal lacht.

Zur Begrüßung eignet sich auch dieses Gedicht:

Sei uns gegrüßt, du liebes Paar,
zum heut'gen frohen Feste.
Wir wünschen heut und immerdar
euch nur das Allerbeste!
Willkommen auch zu diesem Feste,
Aus Nah und Fern, ihr lieben Gäste!
Wir wollen heute fröhlich sein
und unser Glas erheben.
Wir stimmen in den Ruf mit ein:
»Das Brautpaar, es soll leben.«

Das Schlusswort der Redaktion auf der letzten Seite, vor dem Impressum (→ Seite 50–51), könnte so lauten:

So leb denn wohl, du junges Paar!
Was ihr erhofft, das werde wahr,
und was ihr fürchtet, bleibe fern,
es leuchte euch ein guter Stern.
Viel Glück sei eurer Liebe Lohn,
das wünscht euch heut die Redaktion.

Heiter-Ironisches

Einen großen Fundus an Aussprüchen berühmter Persönlichkeiten sowie Sprichwörtern hält das nachfolgende Kapitel bereit, hier vorab einiges aus der Kategorie »frech und witzig«.

Ein stürmischer Bräutigam ist besser als ein windiger.

Heirate unter Verwandten. Wenn es daneben geht, bleibt es in der Familie.

Eine Ehe ist die offizielle Lizenz, die Arbeitskraft des angetrauten Mannes auszubeuten.

Nach der Hochzeit ist das Geld nur noch die Hälfte wert.

Die Liebe ist ein Gewürz des Lebens. Sie kann es versüßen, aber auch versalzen.

In der Ehe muss man sich manchmal streiten, nur so erfährt man etwas voneinander.

Entschließt sich ein Mann zur Heirat, ist das vielleicht der letzte Entschluss, den er selbst fassen konnte.

Flitterwochen sind eine Probezeit, in der keine Reklamationen mehr angenommen werden.

Die Liebe vertreibt zuweilen die Zeit, oft aber vertreibt die Zeit die Liebe.

Die Liebe ist das Licht des Lebens – und in der Ehe kommt die Stromrechnung.

Es gibt viele Kleinigkeiten in der Ehe, die unwichtig sind, wenn man sie beachtet, und wichtig werden, wenn man sie ignoriert.

Eine Ehe eingehen heißt:
kleine Dinge aufzugeben, um größere Werte zu besitzen.

Lieber Sinn für Sex als einen sechsten Sinn.

EHE – Errare Humanum Est

Drum prüfe, wer sich bindet, ob sich nicht was Bessres findet.

Wilhelm Busch

Keiner ist so verrückt, dass er nicht noch einen Verrückteren findet, der ihn versteht.

Friedrich Nietzsche

Der Mann esse und trinke unter seinem Vermögen, kleide sich nach seinem Vermögen und ehre seine Frau über seinem Vermögen.

Talmud

Ehewitze

Nach der Eheschließung hat man nichts mehr zu lachen? Urteilen Sie selbst:

»Liebling, erinnerst du dich noch, dass du mich mal nach meiner Lieblingsspeise gefragt hast?«
»Ja natürlich, warum fragst du?«
»Weil das vor fünf Jahren war, und nun würde ich gerne mal etwas anderes essen ...«

Vater und Sohn gehen zusammen in den Zoo. Am Kamelgehege verweilen sie und sehen zu, wie sich zwei Kamele die Köpfe aneinander reiben. Fragt der Sohn: »Vati, heiraten Kamele eigentlich auch?« Antwortet der Vater: »Aber sicher, mein Sohn, nur Kamele heiraten.«

»Hallo, wie geht's dir?« – »Furchtbar, letzte Woche starb meine Frau.« –

Was Frauen sagen und was sie eigentlich meinen

Ja = Nein
Nein = Ja
Vielleicht = Nein
Es tut mir Leid = Es wird ihm Leid tun
Wir brauchen = Ich will
Entscheide du = Die richtige Entscheidung müsste offensichtlich sein
Mach, wie du willst = Dafür wirst du noch zahlen
Wir müssen reden = Ich muss mich über etwas beschweren
Natürlich, mach es, wenn du willst = Ich möchte nicht, dass du es machst
Ich bin nicht sauer = Natürlich bin ich sauer
Du bist so männlich = Du solltest dich mal wieder rasieren
Die Küche ist so unpraktisch = Ich möchte eine neue Wohnung
Ich möchte neue Vorhänge = und Teppiche, und Möbel, und Tapeten ...
Du musst lernen zu kommunizieren = Du musst einfach nur meiner Meinung sein

»Welche Tragödie! Was hat sie denn gehabt?« – »Ein kleines Einzelhandelsgeschäft und ein paar Tausender auf der Bank.« – »Nein, ich meine, was hat ihr gefehlt?« – »Ein Bauplatz, um das Geschäft zu erweitern.« – »Das meine ich doch nicht. An was ist sie gestorben?« – »Ach so. Sie ging in den Keller, um fürs Mittagessen Sauerkraut und Kartoffeln hochzuholen. Auf der Treppe ist sie gefallen und hat sich das Genick gebrochen.« – »Um Himmelswillen. Was habt ihr da gemacht?« – »Nudeln ...«

Kommt ein Mann in eine Buchhandlung und fragt, wo er das Buch »Der Mann – das überlegene Geschlecht« finden kann. Die Verkäuferin, ohne mit der Wimper zu zucken: »Utopische Literatur befindet sich im ersten Stock.«

Zwei Freundinnen unterhalten sich: »Dein Mann hat mir erzählt, er führe ein Hundeleben«, sagt die eine. »Stimmt«, bestätigt die andere, »er kommt mit schmutzigen Füßen ins Haus, macht es sich vor dem Ofen bequem und lauert aufs Essen.«

Ein Mann kommt zur Wahrsagerin. »Wie ich sehe, sind Sie Vater von zwei Kindern«, sagt sie. »Der Meinung sind Sie«, erwidert er, »ich bin der Vater von drei Kindern.« Die Wahrsagerin lächelt: »Der Meinung sind Sie.«

In der Hochzeitsnacht flüstert Adam der Eva zu: »Du hast noch einen Wunsch offen.« – »Ja, ich möchte an drei Stellen geküsst werden.« – »Gern, wo denn?« – »In Miami, in Honolulu und auf Tahiti.«

»Woher hast du denn das blaue Auge?« – »Ach, als wir gestern bei Tisch ›... und erlöse uns von dem Bösen‹ gebetet haben, habe ich zufällig meine Schwiegermutter angeguckt.«

Familienstammbaum

Ein beliebter Beitrag für die Hochzeitszeitung ist ein schön gestalteter Familienstammbaum des Brautpaares. Dieser sollte bis zu den Großeltern zurückreichen. Um an die Namen und Lebensdaten der Verwandten zu kommen, benötigen Sie die Unterstützung der Eltern der Brautleute. Fragen Sie nach Fotos von den Personen, die im Stammbaum verzeichnet sind. Das ist besonders dann interessant, wenn es schon ältere Abbildungen sind. Planen Sie bei der Gestaltung auch die eventuell zu erwartende nächste Generation mit ein, indem Sie dafür zwei oder drei mit Fragezeichen versehene Kreise oder Ähnliches reservieren.

Alle Jahre wieder

Auf Seite 24 finden Sie die Bezeichnungen der einzelnen Jubiläen, an denen sich der Hochzeitstag jährt. Übernehmen Sie diese Übersicht, und geben Sie bei jedem Jahrestag das persönliche Datum des Hochzeitspaares an.

Im Gespräch mit dem Brautpaar ...

Exklusiv für Ihre Leser führen Sie Interviews mit den Brautleuten, entweder gemeinsam oder aber mit jedem getrennt, mit den Trauzeugen sowie mit den Eltern. Witzig sind auch Gespräche mit ehemaligen Klassenkameraden oder Lehrern und Ausbildern.

Die Hauptdarsteller der Hochzeit werden auf der Titelseite groß herausgestellt.

Eine Chronik

Die Lebensläufe der Brautleute gehören zum unabdingbaren Bestandteil einer Hochzeitszeitung. Den trockenen Fakten können Sie Leben einhauchen, indem Sie sie zur Chronik umgestalten. Hierzu recherchieren Sie, welche weltpolitischen, gesellschaftlichen und sportlichen Ereignisse sich an wichtigen Tagen im Leben von Braut und Bräutigam zugetragen haben. Was ist beispielsweise an den Geburtstagen, am Tag der Taufe, der Einschulung und natürlich auch an jenem Tag geschehen, an dem die beiden sich kennen gelernt haben? Das jeweilige Ereignis stellen Sie dann dem betreffenden Datum im Lebensweg der Hochzeiter gegenüber.

Aphrodisiaka

Wenn die Brautleute ein Faible fürs Kochen haben, können Sie auch eine Seite mit Liebesrezepten füllen. Diese sollten Zutaten enthalten, denen man eine aphrodisische Wirkung nachsagt: z. B. Spargel, Artischocken, Sellerie, Austern, Ingwer, Wein und viele mehr.

Die lieben Gäste

Auch eine Gästeliste ist unerlässlich: als Gedächtnisstütze, wer alles an dem großen Tag zugegen war, und vor allem, wenn die Gäste untereinander Kontakt aufnehmen möchten. Deshalb geben Sie nicht nur die Namen an, sondern auch die vollständigen Anschriften nebst Telefonnummern oder, falls vorhanden, E-Mail-Adressen. Planen Sie am Ende der Zeitung ausreichend Platz dafür ein.

Horoskop

Entweder lassen Sie sich selbst etwas einfallen oder ein richtiges Horoskop anhand der Geburtsdaten der Hochzeiter erstellen. Solche Horoskope können Sie bei Astrologen und esoterisch ausgerichteten Buchhandlungen bestellen; auch im Internet findet sich diesbezüglich bereits eine Menge. Am geeignetsten sind Partnerschaftsanalysen, die ebenfalls angeboten werden und sich speziell mit dem Zusammenleben des Paares, möglichen Problemen und Übereinstimmungen befassen.
Wichtig für ein ausführliches Horoskop ist, dass Sie neben dem Geburtsdatum auch die genaue Uhrzeit der Niederkunft und den Geburtsort wissen. Da Sie aus Platzgründen nicht alles, sondern nur prägnante Auszüge in der Zeitung veröffentlichen können, bietet sich das Horoskop als schönes Geschenk an, das Sie dem Paar mitsamt Zeitung überreichen. Für die Gestaltung können Sie die Sternzeichen-Symbole der beiden selbst zeichnen oder aus Magazinen oder Zeitungen herauskopieren.

Ausflüge in die Kindheit der Brautleute gehören unbedingt in eine Hochzeitszeitung.

Steckbriefe

Witzig sind auch polizeiliche Steckbriefe in Form eines Fahndungsplakats. Beispielsweise wie folgt: »Wanted. 1000 Euro Belohnung für die Ergreifung der mutmaßlichen Bankräuberin. Die Gesuchte hat blaue Augen, braunes Haar, und ihre Flucht führt in Richtung … (z. B. das Ziel der Hochzeitsreise). Sachdienliche Hinweise werden erbeten an … (Adresse von guten Freunden des Paares).

Fashion News

Ein Renner in Hochzeitszeitungen sind stets Modebeiträge anhand eines unmöglichen Fotos der Braut oder des Bräutigams – etwa in quietschend buntem Outfit der Siebzigerjahre. Oder aber Sie preisen den Aufzug als letzten Schrei aus einer bekannten Modemetropole wie Mailand oder Paris an. Auch die Freizeitkleidung (Tennis, Skifahren etc.) kann man gut durch den Kakao ziehen.

Zur Wetterlage

Das Ehestandsbarometer gibt treffsicher Auskunft über aktuelle Hochs und Tiefs:

Folgt der Mann brav der Frau,
ist der Himmel blau.
Geht er flugs auf sie ein,
herrscht eitel Sonnenschein.
Ist er gut und kein Streiter,
bleibt es weiter heiter.
Benimmt er sich daneben,
gibt es einen Tränenregen.
Sollt er nicht gehorchen wollen,
hört man dumpfes Donnergrollen.

Hochzeitsrätsel

Eine gute Auflockerung zwischen den Beiträgen sind Hochzeitsrätsel. Anhand derer können die Leser prüfen, wie gut sie die Brautleute kennen. Sie sollten jedoch darauf achten, dass die Fragen und mehr noch die Antworten nicht den Rahmen des guten Geschmacks sprengen. Hier einige Anregungen:

- Wie lautete der Spitzname der Braut in Kindertagen?
- Wo lernten sich die beiden kennen?
- Was ist das Lieblingsgericht des Bräutigams?
- Wo absolvierte die Braut ihre Ausbildung?
- Wo verbrachten die beiden ihren ersten gemeinsamen Urlaub?
- Was ist die liebste Freizeitbeschäftigung des Bräutigams?

Weitere Fragen sind davon abhängig, was Sie alles über das Brautpaar herausfinden können – gute Recherche ist also auch hier vonnöten. Auf den hinteren Seiten der Zeitung steht die Auflösung des Rätsels. Wenn möglich, sollte sich aus jeweils einem Buchstaben der Antworten ein Lösungwort ergeben, das ebenso etwas mit dem Hochzeitspaar zu tun hat. Eine andere Möglichkeit ist ein Schüttelrätsel, bei dem Wörter, die mit dem Brautpaar oder der Hochzeit in Verbindung stehen, aus Buchstabenlisten zusammengesetzt werden müssen. Bestimmte Buchstaben dieser Wörter ergeben dann später ein Lösungswort, das hinten in der Zeitung genannt wird.

Lieder

Der Text eines Liedes sollte individuell auf das Brautpaar umgedichtet werden. Wichtig ist, dass Sie eine weithin bekannte Melodie wählen, welche die Gäste problemlos mitsingen können.

Berücksichtigen Sie auch Glückwünsche von Familienangehörigen, private Kleinanzeigen, Meldungen in letzter Minute und einen Hinweis auf das nächste Extrablatt; Erscheinungstermin könnte beispielsweise das Datum der Silberhochzeit sein.

Impressum

Beim Impressum gehen Sie entweder ganz ernsthaft vor und geben wie bei jeder anderen Zeitung Namen und Funktionen aller Mitarbeiter an. Oder Sie wählen die amüsantere Version, etwa wie folgt:

Inhalte: Sind nicht frei erfunden, sondern entsprechen den Tatsachen. Eventuelle Ähnlichkeiten mit lebenden Personen sind vollauf beabsichtigt.
Redaktion: Spitze Zungen GmbH (Gesellschaft mit besonderen Hintergedanken)
Verleger: Bekommen keine neue Zeitung
Verantwortung: Wird nicht übernommen
Druck: Wurde keiner auf die Mitarbeiter ausgeübt
Anzeigen: Wird die Redaktion hoffentlich niemand
Preise: Nimmt die Redaktion gerne entgegen

Die 13 Festgebote

§ 1 Wer bei unserer Hochzeit mitmachen will, muss vor allen Dingen anwesend sein!

§ 2 Jeder hat in heiterster Stimmung zu erscheinen. Finstere Gedanken, grämliche Mienen, Skatkarten und Strickstrümpfe müssen an der Garderobe abgegeben werden.

§ 3 Keiner darf mehr essen und trinken, als er mit aller Gewalt herunterbekommen kann.

§ 4 Man soll sämtliche Getränke feindselig behandeln, indem man sie vollständig vernichtet.

§ 5 Die genossenen Speisen und Getränke sind Eigentum eines jeden Gastes und brauchen nicht zurückgegeben werden.

§ 6 Die Benutzung der Kronleuchter als Schaukeln sowie die Verwendung der Läufer und Teppiche als Ringermatten sind nicht gestattet.

§ 7 Wer ironische Anspielungen auf die Lebensgestaltung des Herrn Bräutigam zu dessen Junggesellenzeit von sich gibt, wird frühestens zur Silberhochzeit wieder eingeladen.

§ 8 Wer betrunken ist, hat lautlos unter den Tisch zu rutschen.

§ 9 Es ist verboten, die sich unter dem Tisch aufhaltenden Personen als Fußbänke zu benutzen.

§ 10 Zur Vermeidung jeglichen Blutvergießens wird gebeten, weder mit dem Messer zu essen noch sich mit der Gabel zu kratzen.

§ 11 Den Gästen kann nicht einzeln heimgeleuchtet werden. Daher wird gebeten, nicht vor Sonnenaufgang nach Hause zu gehen.

§ 12 Jeder hat seine genaue Adresse auf dem Rücken zu befestigen, damit er notfalls sicher nach Hause gebracht werden kann.

§ 13 Sollte am Ende der Feier ein ungewolltes Durcheinander entstehen und jemand eine falsche Frau mit nach Hause nehmen, so wird gebeten, dies innerhalb der folgenden Tage dem Brautpaar zu melden. Zur Klärung der Eigentumsansprüche ist der Trauschein vorzulegen.

Das eherne Gesetz der Ehe

1. Dieses Gesetz tritt mit dem Jawort in Kraft.
2. Der Ehemann ist ab dem Zeitpunkt der Eheschließung der glücklichste seiner Art.
3. Der Mann hat eine eigene Meinung – die Frau hat Recht und verwaltet das eheliche Vermögen.
4. Sollte die Frau einmal nicht Recht haben, tritt automatisch Punkt 3 in Kraft.
5. Das Ehepaar besteht aus zwei Hälften, die Frau ist die bessere.
6. Der Mann verdient das Geld, die Frau gibt es aus.
7. Der Ehemann hat sein Einkommen pünktlich zu Hause abzuliefern und sein Taschengeld mit kindlicher Freude entgegenzunehmen.
8. Die Frau ist unter der Haube, der Mann unterm Pantoffel.
9. Falls der Ehemann an Trotz leiden sollte oder sonstige bockige Seiten aufzuweisen hat, ist ihm der Hausschlüssel zu entziehen und der Pantoffel gefechtsbereit zu zeigen.

10. Dem Ehemann ist es gestattet, jeden Abend zu Hause zu bleiben.
11. Wann der Mann fortgeht, bestimmt der Mann; wann er heimkommen soll, bestimmt die Frau.
12. Die Frau hat den Mund aufzumachen, der Mann hat ihn zu halten.
13. Meinungen dürfen nur von der Frau ausgesprochen – vom Mann nur gedacht werden.
14. Der Mann gibt nie zu, dass sie auch mal Recht hat, sonst ist er gleich unten durch.
15. Unterhaltungen sollen laut und deutlich geführt werden. Der Nachbar hat sicherlich auch Interesse an ehelichen Auseinandersetzungen.
16. Worte haben nur in den ersten Wochen Sinn. Später sind härtere Argumente wie beispielsweise Teller, Tassen und Pfannen zu empfehlen.
17. Mitarbeit des Mannes im Haushalt ist streng verboten. Klare Befehle an die Frau ersetzen diese Mühe.
18. Die Gartenarbeit ist Gemeinschaftssache; die Einteilung untersteht der Frau, die Durchführung dem Mann.
19. Der Mann hat zu essen, was auf den Tisch kommt, und immer ein freundliches Gesicht zu machen.
20. Dem Ehemann ist es erlaubt, auch seine Frau von Zeit zu Zeit etwas lieb zu haben. Er soll aber niemals sagen: »Du kannst mich gern haben.«
21. Fazit: Eine harmonische Ehe ist gewährleistet, wenn der Mann gesund ist und die Frau Arbeit hat.

Was ein Mann studiert haben soll …

Algebra Um herauszubekommen, wann ihm seine Frau ein X für ein U vormachen will.

Architektur Um für alles die rechte Form zu finden.

Bergbau Um die verborgensten Wünsche ihres Herzens erforschen zu können.

Design Um den verschiedenen Bauformen seiner Frau immer etwas Ästhetisches abzugewinnen.

Elektrotechnik Um die Geistesblitze seiner Frau richtig einzuordnen und Spannungen sicher ableiten zu können.

Jura Um zu begreifen, dass seine Frau immer Recht hat.

Literatur Um sich aus ihren Ungereimtheiten einen Vers machen zu können.

Mathematik Um zu wissen, worin sie unberechenbar ist.

Meteorologie Um nicht von einem Donnerwetter überrascht zu werden.

Militaristik Um die Taktiken seiner Frau zu erahnen und nicht plötzlich aus dem Hinterhalt überrumpelt zu werden.

Musik Um das Loblied auf seine Frau jederzeit in allen Tonlagen singen zu können.

Philosophie Um die Logik seiner Frau zu verstehen.

Politik Um in jeder Verfassung leben zu können.

Rhetorik Um bei Streitigkeiten auch mal zu Wort zu kommen und einige sinnvolle Argumente einbringen zu können.

Statistik Um die Wahrscheinlichkeit berechnen zu können, zu welchem Zeitpunkt und mit welcher Regelmäßigkeit Streitigkeiten mit seiner Frau zu erwarten sind.

Theater Um trotz allem immer den lustigen Ehemann zu spielen.

Theologie Um eine Gardinenpredigt erbaulich zu finden.

Wirtschaft Um zu begreifen, warum das Haushaltsgeld nicht reicht.

Zahnheilkunde Um seiner Frau auf den Zahn fühlen zu können.

Zoologie Um den Unterschied zwischen einem »Hornochsen«, einem »blöden Hund« und anderen zoologischen Begriffen nachvollziehen zu können.

Die passenden Worte

So wie auch das Rad nicht täglich neu erfunden wird, können Sie für Ihre guten Wünsche und Gedanken zur Hochzeit auf vorhandenes Material zurückgreifen. Um diesen bedeutenden Tag im Leben zweier Menschen angemessen zu kommentieren, wurde auf den folgenden Seiten eine ganze Palette an Aussprüchen und Bonmots, Gedichten und Gedanken rund um das Thema »Liebe und Ehe« zusammengestellt. Diese können den Auftakt oder den Schlussakkord einer Rede bilden, einem Schreiben an das Brautpaar eine poetisch-literarische Note geben oder einfach Inspiration für eigene Kreationen in Vers- oder Liedform sein. Auch die Hochzeitszeitung erfährt durch stellenweise eingestreute Zitate – mal amüsant, mal nachdenklich stimmend – eine Bereicherung.

Almanach der Zitate und Sinnsprüche

Die Liebe in all ihren Spielarten hat die Fantasie der Menschen schon immer sehr bewegt und zu kreativen Leistungen jedweder Art inspiriert; seien es Gedichte, Romane, Briefe, Gemälde, Plastiken oder Kompositionen. Und so liegt es in der Natur der Sache, dass sich über diese Herzensangelegenheit unendlich viele Persönlichkeiten Gedanken gemacht und diese niedergeschrieben haben.

Einige Ergebnisse aus verschiedenen Epochen und Kulturkreisen haben wir in diesem Kapitel zusammengestellt. Zunächst widmen wir uns der Liebe im Allgemeinen, danach der Ehe im Speziellen – sicherlich werden Sie hier bei Ihrer Suche nach den passenden Worten fündig werden.

Große Gedanken zur Liebe

Die Liebe ist der Stoff, den die Natur gewebt und die Fantasie bestickt hat.

Voltaire (1694–1778)

Wo es keine Liebe gibt, dort gibt es auch keinen Verstand.

Fjodor Michailowitsch Dostojewski (1821–1881)

Einen Menschen lieben heißt, ihn so zu sehen, wie Gott ihn gemeint hat.

Fjodor Michailowitsch Dostojewski (1821–1881)

Willst du geliebt werden, so liebe.

Lucius Annaeus Seneca (4 v. Chr.–65 n. Chr.)

Einen Menschen lieben heißt einwilligen, mit ihm alt zu werden.

Albert Camus (1913–1960)

Liebe ist das Einzige, was wächst, indem wir es verschwenden.

Ricarda Huch (1864–1947)

Liebe hat kein Alter – sie wird ständig neu geboren.

Blaise Pascal (1623–1662)

Liebe ist alles, was wir besitzen, die einzige Weise, wie wir einander beistehen können.

Euripides (um 480–406 v. Chr.)

Die Liebe allein versteht das Geheimnis, andere zu beschenken und dabei selbst reich zu werden.

Clemens Brentano (1778–1842)

Liebe ist ein Produkt der Wechselreizung zweier Individuen – daher mystisch und universell, und unendlich ausbildsam, wie das individuelle Prinzip selbst.

Novalis (1772–1801)

Wo keine Liebe ist, ist auch keine Wahrheit. Und nur der ist etwas, der etwas liebt. Nichts sein und nichts lieben sind identisch.

Ludwig Feuerbach (1804–72)

Es ist besser, geliebt als verstanden zu werden. Denn verstanden wird man stets nur schlecht, und geliebt werden kann man gut.

Paul Valéry (1871–1945)

Glückliche Liebe versammelt unsere ganze Kraft. Sie schafft den Überfluss, den Inbegriff aller Güter, und die Notwendigkeit zu den allerschönsten Werken, sie kommen ungezwungen, leicht. Der glückliche Liebende ist reich.

Paul Valéry (1871–1945)

Jemanden lieben heißt, als Einziger ein für die anderen unsichtbares Wunder sehen.

François Mauriac (1885–1970)

Die wahre Liebe wäre (wenn sie es denn sein könnte), zu wünschen, dass das geliebte Wesen nach seiner Fasson glücklich sei, und alles daran zu setzen, es glücklich zu machen.

Paul Valéry (1871–1945)

Man kann das Vertrauen von jemandem besitzen, ohne sein Herz zu besitzen. Wer das Herz besitzt, hat keine Enthüllung und kein Anvertrauen nötig, alles ist ihm geöffnet.

Jean de La Bruyère (1645–1696)

Liebe ist der angenehme Zustand weiser Unzurechnungsfähigkeit.

Marcel Aymé (1902–1967)

Das größte Glück, nächst der Liebe, besteht darin, die Liebe eingestehen zu dürfen.

André Gide (1869–1951)

Glück ist Liebe, nichts anderes.
Wer lieben kann, ist glücklich.

Hermann Hesse (1877–1962)

Menschen zu finden, die mit uns fühlen und empfinden, ist wohl das schönste Glück auf Erden.

Carl Spitteler (1845–1924)

Die Liebe ist vor allem ein Lauschen im Schweigen.

Antoine de Saint-Exupéry (1900–1944)

Die Erfahrung lehrt, dass Liebe nicht darin besteht, dass man einander ansieht, sondern dass man gemeinsam in gleicher Richtung blickt.

Antoine de Saint-Exupéry (1900–1944)

Heut ist mir alles herrlich; wenn's nur bliebe! Ich sehe heut durchs Augenglas der Liebe.

Johann Wolfgang von Goethe (1749–1832)

Die Liebe ist eine Dummheit, die zu zweit begangen wird.

Napoleon Bonaparte (1769–1821)

Der Unterschied zwischen Liebschaft und Liebe ist ungefähr der gleiche wie zwischen einem Gassenhauer und einer Symphonie.

Alban Berg (1885–1935)

Wenn ich denke, dass ich nicht mehr an dich denke, denke ich immer noch an dich. So will ich versuchen, nicht zu denken, dass ich nicht mehr an dich denke.

Aus der Lehre des Zen

Wenn du liebst, dringst du ans Licht wie der Samen, der in der Erde verborgen war.

Bettina von Arnim (1785–1859)

Wenn zwei Liebende einig sind, bedeuten Schwierigkeiten kein Hindernis.

Alfred de Musset (1810–1857)

Liebe ist die gemeinsame Freude an der wechselseitigen Unvollkommenheit.

Ludwig Börne (1786–1837)

In der Liebe versinken und verlieren sich alle Widersprüche des Lebens. Nur in der Liebe sind Einheit und Zweiheit nicht in Widerstreit.

Rabindranath Tagore (1861–1941)

Liebe heißt, dass wir uns dem anderen ganz ohne Garantie ausliefern.

Erich Fromm (1900–1980)

Ein Kuss, was ist er, wenn alles darüber gesagt wird? ... ein rosiges Pünktchen auf dem I in Liebe gesetzt. Ein Geheimnis ist's, das dem Mund und nicht dem Ohr verraten wird.

Savinien de Cyrano de Bergerac (1619–1655)

Küsse sind das, was von der Sprache des Paradieses übrig geblieben ist.

Joseph Conrad (1857–1924)

Liebe ist auch so ein Problem, das Karl Marx nicht gelöst hat.

Jean Anouilh (1910–1987)

Liebe ist ein Auszug aus allen Leidenschaften auf einmal.

Jean Paul (1763–1825)

Lieben heißt, in dem anderen sich selbst erobern.

Friedrich Hebbel (1813–1863)

Liebe ist die Fähigkeit, Ähnliches an Unähnlichem wahrzunehmen.

Theodor W. Adorno (1903–1969)

Die Liebe ist die Köchin, die am meisten anrichtet in der Welt.

Johann Nepomuk Nestroy (1801–1862)

Liebe ist die Schönheit der Seele.

Aurelius Augustinus (354–430)

Liebe ist die Poesie der Sinne.

Honoré de Balzac (1799–1850)

Lieben – das heißt Seele werden wollen in einem anderen.

Friedrich Schleiermacher (1768–1834)

Jeder geliebte Mensch ist der Mittelpunkt eines Paradieses.

Novalis (1772–1801)

Die Liebe lebt von liebenswürdigen Kleinigkeiten.

Theodor Fontane (1819–1898)

Die einzige Möglichkeit, eine Frau zu verstehen, ist, sie zu lieben.
Aber dann ist es auch nicht mehr nötig, sie zu verstehen.

Curt Goetz (1888–1960)

Über die Liebe lächelt man nur so lange, bis sie einen selber erwischt.

Eleonora Duse (1858–1924)

Aus unbekannten Quellen

Die Liebe ist manchmal das Traurigste, oft das Schönste, aber immer das Wichtigste im Leben …

Das große Glück in der Liebe besteht darin, Ruhe in einem anderen Herzen zu finden.

Überwältigend, was geschehen kann, wenn sich die Fingerspitzen zweier Menschen ganz leicht berühren – zur rechten Zeit, am richtigen Ort.

Mit der Liebe ist es wie mit den Kleidern. Beide brauchen ein bisschen Spielraum, sonst fühlen wir uns eingeschnürt.

Um nicht zu sterben, musst du: trinken, essen, atmen.
Um zu leben, musst du: Liebe empfangen und Liebe geben können.

Bis zum Meer für einen Bruder.
Durch das Meer für eine Geliebte.

»Für die Welt bist du irgendjemand, aber für irgendjemand bist du die Welt.«

Wenn einem Treue Spaß macht, dann ist es Liebe.

Liebe ist, wenn sich die Augen im Herzen treffen.
Manchmal hasst man den Menschen am stärksten, den man am meisten liebt, denn er ist der einzige, der einem wirklich wehtun kann.

Liebe ist ein Gefühl, das man hat,
wenn man fühlt,
dass man ein Gefühl hat, das man noch nie gehabt hat.

Über das Heiraten

Die Ehe ist und bleibt die wichtigste Entdeckungsreise, die der Mensch unternehmen kann.

Søren Kierkegaard (1813–1855)

Die Ehe ist ein Bauwerk, das jeden Tag neu errichtet werden muss.

André Maurois (1885–1967)

Liebe ist etwas Ideelles, Heiraten etwas Reelles. Und nie verwechselt man ungestraft das eine mit dem anderen.

Johann Wolfgang von Goethe (1749–1832)

Die Ehe ist der Anfang und Gipfel aller Kultur.

Johann Wolfgang von Goethe (1749–1832)

In der Ehe muss man sich manchmal streiten, nur so erfährt man etwas voneinander.

Johann Wolfgang von Goethe (1749–1832)

Wenn wir heiraten, übernehmen wir ein versiegeltes Schreiben, dessen Inhalt wir erst erfahren, wenn wir auf hoher See sind.

Lilli Palmer (1914–1986)

Ringlein sehn heut lieblich aus,
morgen werden Fesseln draus.

Sigismund von Radecki (1891–1970)

Die zweite Ehe ist der Triumph der Hoffnung über die Erfahrung.

Samuel Johnson (1709–1784)

Ehe ist, wenn man trotzdem liebt.

Clemens Brentano (1778–1842)

Eine gelungene Hochzeit ist der beste Start in ein glückliches Eheleben – auch wenn es nicht immer nur rote Rosen regnen wird.

Die Ehe ist genauso viel wert als die, welche sie schließen.

Friedrich Nietzsche (1844–1900)

Eine ideale Ehefrau ist jede Frau, die den idealen Gatten hat.

Königin Elisabeth II. (geb. 1926)

Eine gute Ehe wäre jene zwischen einer blinden Frau und einem tauben Mann.

Michel Eyquem de Montaigne (1533–1592)

Die Ehe gibt dem Einzelnen Begrenzung und dadurch dem Ganzen Sicherheit.

Friedrich Hebbel (1813–1863)

Hinter einer langen Ehe steht immer eine sehr kluge Frau.

Ephraim Kishon (geb. 1924)

Das Geheimnis einer glücklichen Ehe besteht darin, dass man sich gegenseitig verzeiht, einander geheiratet zu haben.

Sacha Guitry (1885–1957)

Ob man heiraten soll oder nicht? Tue von beidem, was du willst, und es wird dich bestimmt reuen.

Sokrates (470–399 v. Chr.)

In der Ehe stammen Drehbuch und Regie vom Mann, Dialoge und Ton von der Frau.

Federico Fellini (1920–1993)

Die Ehe ist der Versuch, zu zweit mit den Problemen fertig zu werden, die man alleine nie gehabt hätte.

Woody Allen (geb. 1935)

Heiratet auf jeden Fall! Kriegt ihr eine gute Frau, dann werdet ihr glücklich. Kriegt ihr eine schlechte, dann werdet ihr Philosophen, und auch das ist nützlich für einen Mann.

Sokrates (470–399 v. Chr.)

Heirat ist nicht das Happyend, sondern immer erst ein Anfang.

Federico Fellini (1920–1993)

In der Ehe pflegt gewöhnlich immer einer der Dumme zu sein. Nur wenn zwei Dumme heiraten – das kann mitunter gut gehn.

Kurt Tucholsky (1890–1935)

In unserem monogamischen Weltteile heißt heiraten seine Rechte halbieren und seine Pflichten verdoppeln.

Arthur Schopenhauer (1788–1860)

Männer heiraten, weil sie müde, Frauen, weil sie neugierig sind; beide werden enttäuscht.

Oscar Wilde (1854–1900)

Aus unbekannten Quellen

Die Ehe ist eine Brücke, gebaut aus Liebe und Vertrauen, die die Ehepartner auch in schweren Stunden tragen kann.

Die Ehe ist das öffentliche Bekenntnis einer streng privaten Absicht.

Das ist der Weisheit Quintessenz,
die viele zu freien hindert:
Die Schönheit dauert einen Lenz,
die Dummheit überwintert.

Die Ehe ist die Prosaübersetzung eines Liebesgedichtes.

Die Ehe ist eine Brücke, die jeden Tag neu gebaut werden muss. Am besten von beiden Seiten.

Viele Männer wären gern verheiratet, nur nicht vierundzwanzig Stunden täglich.

Kleine Streitigkeiten würzen, große Streitereien versalzen die Ehesuppe.

Wer sich traut, traut sich.

Liebe ist, trotzdem zu heiraten.

Zitate aus aller Welt

Lieber eine unordentliche Frau nehmen, als Junggeselle bleiben.

Aus Afrika

Die Liebe gleicht einem Ring, und der Ring hat kein Ende.

Aus Brasilien

Brauchst du ein Haus, nimm ein fertiges. Brauchst du ein Weib, nimm kein fertiges.

Aus Bulgarien

Eheleute, die sich lieben, sagen sich tausend Dinge, ohne zu sprechen.

Aus China

Der Geist, der allen Dingen Leben verleiht, ist die Liebe.

Aus China

Was ist Liebe? Eine Hütte mit keinem Palast tauschen zu wollen, Untugend und Fehler lächelnd zu übersehen, Hingabe ohne geringstes Zögern.

Aus China

Die Ehen werden im Himmel geschlossen und auf Erden vollzogen.

Aus Frankreich

Sieh auf die Mutter, bevor du dich mit der Tochter verlobst.

Aus Indien

Die Liebe hat zwei Töchter: die Güte und die Geduld.

Aus Italien

Einer allein ist nicht einmal gut im Paradies.

Aus Italien

Die Ehe ist kein heißer Reis, den man ausspucken kann, wenn man sich den Mund verbrennt.

Von den Philippinen

Wer in Ruhe leben will, darf nicht die Schönste der Stadt heiraten.

Aus Portugal

Liebe ist ein Glas, das zerbricht, wenn man es zu unsicher oder zu fest fasst.

Aus Russland

Die Liebe spricht ihre eigene Sprache; die Ehe kehrt in die Landessprache zurück.

Aus Russland

Wer seiner Frau alles erzählt, ist erst jung verheiratet.

Aus Schottland

Heirate nie um des Geldes willen.
Du leihst es billiger.

Aus Schottland

Als Junggeselle ist der Mann ein Pfau, als Bräutigam ein Löwe und als Verheirateter ein Esel.

Aus Spanien

Hochzeitsgedichte

Das eben ist der Liebe Zaubermacht,
dass sie veredelt, was ihr Hauch berührt.
Der Sonne ähnlich, deren goldener
Strahl Gewitterwolken selbst in Gold
verwandelt.

Johann Wolfgang von Goethe (1749–1832)

Was es ist

Es ist Unsinn
sagt die Vernunft.
Es ist was es ist
sagt die Liebe.

Es ist Unglück
sagt die Berechnung.
Es ist nichts als Schmerz
sagt die Angst.
Es ist aussichtslos
sagt die Einsicht.
Es ist was es ist
sagt die Liebe.

Es ist lächerlich
sagt der Stolz.
Es ist leichtsinnig
sagt der Verstand.
Es ist unmöglich
sagt die Erfahrung
Es ist was es ist
sagt die Liebe.

Erich Fried (1921–1988)

Sie hat nichts

Sie hat nichts und du desgleichen,
dennoch wollt ihr, wie ich sehe,
zu dem Bund der heil'gen Ehe
euch bereits die Hände reichen.
Kinder, seid ihr denn bei Sinnen?
Überlegt euch das Kapitel!
Ohne die gehör'gen Mittel
soll man keinen Krieg beginnen.

Wilhelm Busch (1832–1908)

Buch des Lebens
Hass, als Minus und vergebens,
wird vom Leben abgeschrieben.
Positiv im Buch des Lebens
steht verzeichnet nur das Lieben.
Ob ein Minus oder Plus
uns verblieben, zeigt der Schluss.

Wilhelm Busch (1832–1908)

Liebst du um Schönheit, o nicht mich liebe!
Liebe die Sonne, sie trägt ein goldnes Haar!
Liebst du um Jugend, o nicht mich liebe!
Liebe den Frühling, der jung ist jedes Jahr!
Liebst du um Schätze, o nicht mich liebe!
Liebe die Meerfrau, sie hat viel Perlen klar!
Liebst du um Liebe, o ja, mich liebe!
Liebe mich immer, dich lieb' ich immerdar.

Friedrich Rückert (1788–1866)

Der Ehstand
Du wirst im Ehstand viel erfahren,
was dir ein halbes Rätsel war;
bald wirst du aus Erfahrung wissen,
wie Eva einst hat handeln müssen,
dass sie hernach den Kain gebar.

Doch, Schwester, diese Ehstandspflichten
wirst du von Herzen gern verrichten,
denn glaube mir, sie sind nicht schwer;
doch jede Sache hat zwo Seiten;
der Ehstand bringt zwar viele Freuden,
allein auch Kummer bringet er.

Drum wenn dein Mann dir finstre Mienen,
die du nicht glaubest zu verdienen,
in seiner üblen Laune macht:
So denke, das ist Männergrille,
und sag: Herr, es gescheh dein Wille
bei Tag … und meiner bei der Nacht.

Wolfgang Amadeus Mozart (1756–1791)

Du sollst nicht fragen, wem du was nehmen kannst,
sondern wer dir was geben will.
Du sollst nicht fragen, wer dir helfen kann,
sondern wer dir helfen will.
Du sollst nicht fragen, wer dich verstehen kann,
sondern wer dich verstehen will.
Du sollst nicht fragen, wem du treu sein kannst,
sondern wer dir treu sein will.
Du sollst nicht fragen, zu wem du passen könntest,
sondern wer zu dir passen will.
Du sollst nicht fragen, wen du lieben willst,
sondern wer dich lieben kann.

Autor unbekannt

So nimm denn meine Hände
und führe mich
bis an mein selig Ende
und ewiglich!
Ich mag allein nicht gehen,
nicht einen Schritt;
wo du wirst geh'n und stehen,
da nimm mich mit.

Julie Hausmann (1826–1901)

Das Hochzeits-Management

Ein wunderbarer Beweis von Freundschaft und ein willkommenes Geschenk: Übernehmen Sie für die Brautleute die Organisation der gesamten Hochzeitsfeier – von der Planung der einzelnen Programmpunkte über die Auswahl der Musiker und des Hochzeitsmenüs bis hin zur Kostenplanung und vieles mehr. Selbstverständlich muss vieles mit dem Brautpaar abgesprochen werden, überraschen können Sie Ihre Freunde mit dem Management ihrer Hochzeit nicht.

In welcher Form Sie die Hochzeit Ihrer Freunde gestalten können, wie Sie den Tag der Tage am besten planen und organisieren und was es alles vor und nach der Feier zu tun gibt, lesen Sie in diesem Kapitel.

Ein ganz besonderes Geschenk

Da als Hochzeitsmanager zugegebenermaßen einiges auf Sie zukommt, sollten Sie sich vorweg gut überlegen, ob Sie diese Arbeit alleine übernehmen wollen oder gemeinsam mit einem oder zwei Freunden. Zu mehreren ist es nicht nur weniger arbeitsintensiv, die Organisation der Hochzeit macht auch wesentlich mehr Spaß. Alternativ können Sie dem Brautpaar auch anbieten, sich um einen Teilbereich des Festes zu kümmern, z. B. um die musikalische Gestaltung. Erfahrungsgemäß werden über das Festkomitee hinaus noch zusätzliche Helfer benötigt, die Sie aus dem Freundes- oder Familienkreis rekrutieren können. Diese sind während der Hochzeitsfeier für all die vielen Kleinigkeiten zuständig, die das Ganze erst perfekt machen. Denn Arbeit gibt es am Hochzeitstag mehr als genug; beispielsweise wollen Ansteckblumen verteilt, Sitzplätze zugewiesen, Fragen der Gäste beantwortet oder Geschenke entgegengenommen werden, um nur einige Tätigkeiten zu nennen. Einer der Organisatoren wird zum »Zeremonienmeister« ernannt. Dieser ist gewissermaßen zuständig für das Protokoll: Er koordiniert den Ablauf des Hochzeitstages, leitet von einem Programmpunkt zum nächsten über, begrüßt die Gäste und übernimmt auch die Moderation einzelner Beiträge und Spiele während der Feier. Die Eigenschaften, die Sie oder die auserwählte Person für diesen Posten mitbringen sollten, sind ein gewisses Unterhaltungstalent, Schlagfertigkeit und die Fähigkeit, die Nerven zu behalten, auch wenn das eine oder andere schief geht. Apropos: Pannen, ob große oder kleine, sind weniger schlimm, als Sie glauben mögen. Unvorhergesehene Ereignisse verleihen dem Hochzeitsfest vielmehr einen gewissen Charme und einen einmaligen Charakter. Brautpaar und Gäste werden sich noch nach Jahren grinsend und gerne daran zurückerinnern.

Gut organisiert zum Tag X

Wer eine Hochzeit ausrichtet, muss, wie Sie im Anschluss feststellen werden, eine Menge bedenken und organisieren. Dies bedeutet jedoch nicht, dass die Vorbereitungen in Stress ausarten müssen. Wenn Sie sich genügend Zeit dafür nehmen, indem Sie entsprechend rechtzeitig beginnen, vermeiden Sie Turbulenzen und können sich in aller Ruhe auf das bevorstehende Fest einstimmen.

Nicht nur Hamburger und Hotdogs, auch den Trauschein kriegt man, ohne aus dem Auto steigen zu müssen. Wo?
In Las Vegas, dem Paradies für schnelle Hochzeiten: für die »Drive-thru-Hochzeit« fährt man ledig in den neun Meter langen »Tunnel of Love« und verheiratet wieder heraus.

Bevor Sie sich in die Planungsaktivitäten stürzen, sollten Sie mit dem Brautpaar und unter Umständen auch gemeinsam mit dessen Eltern klären, wie die Hochzeit ablaufen soll. Nur im engsten Familienkreis oder aber in Form eines großen Festes mit vielen Gästen?
Und wo soll die Trauung stattfinden? Sowohl Standesamt als auch Kirche sind frei wählbar, sodass nicht nur der Wohnort infrage kommt. Selbstverständlich ist das »Wie und Wo« auch stark vom finanziellen Rahmen abhängig, der für die Hochzeit zur Verfügung steht. Dieser muss immer im Auge behalten werden.

Wie wird gefeiert?

Wenn das Brautpaar bereits ganz klare Vorstellungen hat, wie es heiraten möchte, können Sie die folgenden Seiten überspringen. Andernfalls finden Sie hier einige Vorschläge, in welcher Form die Hochzeit Ihrer Freunde ablaufen könnte.

Heiraten im Schloss

Umgeben von geschichtsträchtigen Mauern, prächtigen Interieurs und großzügigen Gartenanlagen: Schlösser bieten ohne Frage das geeignete Ambiente für diesen Anlass und in vielen Fällen auch eine Kapelle für die kirchliche Trauung. Dieser prachtvolle Rahmen hat allerdings seinen Preis: Für eine Hochzeit im Schloss muss man tief in die Tasche greifen.

Zu Wasser

Sie können auch zu einer Schifffahrt einladen und die Hochzeit als ganztägiges Fest mit Zwischenstopp und Landgang für die kirchliche Trauung gestalten. Vielleicht kann sogar an Bord übernachtet werden. Adressen, wo man auf dem Wasser Hochzeit feiern kann, finden Sie auf Seite 137–138.

Umgeben von Blumen

In einigen Städten kann man Gewächshäuser oder einzelne Areale des örtlichen botanischen Gartens mieten und inmitten exotischer Pflanzen, bunter Paradiesblumen und Papageien Hochzeit feiern. Oder es wird der Garten eines schönen, alten Bauernhofes angemietet und abends in dessen Scheune gefeiert.

In luftigen Höhen

Wenn die Hochzeit im kleinen Kreis stattfindet, können Sie eine Berghütte mieten; allerdings eine, die mit Autos zu erreichen ist. Nach der Trauung geht es hinauf, beim nachmittäglichen Spaziergang wird die Natur genossen, und abends lassen Sie sich alle bei Kerzenlicht von einem Partyservice verwöhnen. Wer möchte, übernachtet in der Hütte.

Wenden Sie sich an einen Hochzeits- oder Veranstaltungsservice in Ihrer Stadt, und erkundigen Sie sich, ob und wo Hochzeitsarrangements in Schlössern, Burgen und anderen repräsentativen Räumen wie Theatern oder Museen möglich sind.

Wie die alten Ritter

Rustikaler als die Schlosshochzeit ist die Heirat auf einer alten Ritterburg mit Burgkapelle, Minnesängern und stilechtem Rittermahl. Doch ebenso wie bei Schlossfesten ist das Ganze nicht eben billig. Wer sich diesen Spaß leisten möchte, kann sich bei Reisebüros und Fremdenverkehrsvereinen informieren, in welchen Burgen Hochzeitsfeiern veranstaltet werden.

Szenetreffpunkte

Wie wär's mit einer Hochzeitsfeier in einer stillgelegten U-Bahnstation, einer ehemaligen Fabrik oder einem alten Bahnhof? Längst haben sich diese herben Schönheiten zu gefragten Lokalitäten entwickelt.

Hochzeitsempfang

Wenn aus finanziellen Gründen ein Hochzeitsfest im großen Stil nicht infrage kommt, aber dennoch in einem angemessenen Rahmen und mit vielen Gästen gefeiert werden soll, bietet sich ein Hochzeitsempfang an. Er gleicht dem Polterabend, mit dem Unterschied, dass er erst nach der Trauung und meist auch in stilvollerer Umgebung stattfindet.

Polterhochzeit

Eine Melange aus Polterabend und Hochzeitsfeier: Zu dieser zwanglosen Party werden alle Freunde und Verwandten eingeladen.

Mottohochzeit

Wer eine ganz individuelle Hochzeitsfeier wünscht, kann diese unter ein bestimmtes Motto stellen, das sich wie ein roter Faden durch das gesamte Fest zieht: Die Kleidung von Brautpaar und Gästen ist ebenso darauf abgestimmt wie die Dekoration und eventuell auch die Örtlichkeiten.
Wie findet man ein geeignetes Motto? Gehen Sie im Geiste die Hobbys und Vorlieben der Brautleute durch, und überlegen Sie, ob sich nicht daraus ein Thema ergibt. Sind die beiden z. B. Motorradfans, könnten Sie eine Biker-Hochzeit aufziehen: Nach der Trauung laden Sie zu einer Motorrad-Tour übers Land ein. Im Garten eines Bauernhofes stehen gedeckte Tische für eine erste Stärkung bereit, und abends wird in einem Zelt oder einer Scheune weitergefeiert.
Sportlichen Hochzeitern können Sie eine aktionsreiche Feier vorschlagen, beispielsweise in den Bergen mit Wanderung und anschließendem Hüttenfest, auf dem Golfplatz oder in der Turnhalle. Wem das nicht abenteuerlich genug ist, steigt in einen Heißluftballon. Dann ist das Paar dem siebenten Himmel noch ein Stückchen näher …
Übrigens: Es gibt Geistliche, die bei solchen »Events« mitmachen und die Trauung auf freiem Feld, in luftigen Höhen oder einer Berghütte zelebrieren; einige Adressen finden Sie auf Seite 138.

Hochzeit ganz privat

Auch im kleinen Rahmen und mit weniger Geld lässt sich eine unvergesslich schöne Hochzeit arrangieren. Sind die eigenen vier Wände zu beengt, erkundigen Sie sich nach Gemeinde- oder Vereinshäusern, Turnhallen, Bauernhöfen oder Scheunen. Ist eine professionelle Unterstützung durch einen Party-, Catering- oder Veranstaltungsservice zu teuer, bitten Sie einfach Freunde und Verwandte, Salate, Braten, Desserts und Kuchen für ein gemischtes Buffet mitzubringen. Die Dekoration des Festsaales, das Besorgen des Blumenschmucks, die musikalische Untermalung und andere Jobs delegieren Sie ebenso im Freundeskreis.

Hochzeitsfragebogen

Mit diesem Fragebogen können Sie gemeinsam mit dem Brautpaar den grundsätzlichen Rahmen der Hochzeit abstecken und sich einen ersten Überblick verschaffen.

Trauung

- ☐ Nur Standesamt
- ☐ Standesamt und Kirche an einem Tag
- ☐ Beides an zwei aufeinander folgenden Tagen
- ☐ Beides mit einigem Abstand

Termin

- ☐ Im Mai
- ☐ Im Sommer
- ☐ So bald wie möglich
- ☐ Zu einem ganz besonderen Termin: ____________________

Zahl der Gäste

- ☐ Kleine Hochzeit im engsten Familienkreis
- ☐ Große Hochzeit mit allen Freunden und Verwandten

Wo wird gefeiert?

- ☐ Wohnort der Brauteltern
- ☐ Wohnort des Brautpaares
- ☐ An einem anderen Ort: ____________
- ☐ Im Ausland: ____________________

Hochzeitsfeier

- ☐ Polterabend
- ☐ Junggesellenabschied
- ☐ Polterhochzeit
- ☐ Hochzeitsempfang
- ☐ Im Restaurant
- ☐ Im Schloss
- ☐ Zu Hause
- ☐ Auf dem Land
- ☐ Sonstiges: ____________________

Transport

- ☐ Kutsche
- ☐ Oldtimer
- ☐ Limousine
- ☐ Sportwagen
- ☐ Eigener Wagen
- ☐ Leihwagen
- ☐ Taxen
- ☐ Busunternehmen
- ☐ Sonstiges: ____________________ ____________________

Wer zahlt?

- ☐ Brautpaar
- ☐ Brauteltern
- ☐ Brautpaar unter Beteiligung der Eltern
- ☐ Zahlhochzeit (→ Seite 109)

Hochzeitsnacht

- ☐ Zu Hause
- ☐ Im Hotel
- ☐ Auf dem Weg in die Flitterwochen
- ☐ Sonstiges: ____________________ ____________________

Der Hochzeitskalender

Sind Sie sich über den äußeren Rahmen im Klaren, geht es an die vielen größeren und kleineren Organisationspunkte. Bevor diese im weiteren Verlauf detaillierter vorgestellt werden, verschaffen wir uns zunächst eine Übersicht, wann welche Dinge in Angriff genommen werden sollten. Schritt für Schritt wird dieser Organisationsplan dann »abgearbeitet«.

Ein Jahr bis sechs Monate vorher

- Rahmen der Hochzeit vereinbaren: ob nur standesamtlich oder auch kirchlich, sowie weitere Eckdaten (→ Seite 68)
- Hochzeitstermin mit den engsten Verwandten (Eltern und Geschwistern) festlegen, dabei auch Feiertage und Urlaubszeit beachten
- Falls Polterabend geplant, Termin dafür bestimmen
- Größe der Hochzeit festlegen (wie viele Personen werden geladen?)
- Standesamt auswählen und Termin vorab reservieren lassen (vor allem bei Terminen im Frühjahr und im Sommer)
- Anmeldung zur Eheschließung auf dem Standesamt vorbereiten
- Benötigte Dokumente für Standesamt und gegebenenfalls Kirche zusammenstellen bzw. anfordern
- Hochzeitskirche bestimmen
- Termin für die kirchliche Trauung und das Traugespräch mit dem Pfarrer abklären
- Erste, vorläufige Gästeliste erstellen (→ Seite 74)
- Ersten Kostenplan aufstellen und Hochzeitsbudget festlegen (→ Seite 73)
- Räumlichkeit, Festsaal oder Lokal für die Feier aussuchen
- Überlegen, wer die Trauzeugen werden sollen (sind heute nicht mehr zwingend erforderlich), und fragen, ob sie Zeit haben und bereit sind, diese Aufgabe zu übernehmen
- Falls gewünscht, auch Brautjungfern bestimmen und diese fragen, ob sie einverstanden sind
- Kostenvoranschläge für Musiker, Fotografen, Mietwagen, Lokal, Veranstaltungsservice etc. einholen und vergleichen

Sechs bis vier Monate vorher

- Endgültige Gästeliste erstellen
- Antrag auf Eheschließung stellen (Anmeldung beim Standesamt)
- Kleidung für Braut und Bräutigam inklusive aller Accessoires auswählen
- Beim Friseur mit einem Bild des Kleides eine passende Frisur für die Braut besprechen
- Testessen in den zur Wahl stehenden Lokalen (oder eine andere Festlokalität) durchführen; Preis- und Menü-Vorschläge einholen, auf fachkundigen und freundlichen Service achten und abklären, ob das Ende der Feier vorgegeben wird oder offen gehalten werden kann
- Sich für einen Ort entscheiden und buchen
- Bei Veranstaltungs-/Partyservice: jetzt engagieren und Leistungen sowie Kosten vereinbaren inklusive Partygeschirr, Dekoration, Mobiliar etc.
- Einladungskarten selbst basteln oder drucken lassen (→ Seite 75–77); Ange-

bote von Druckereien einholen, vergleichen und Druckauftrag vergeben

- Ebenso Tisch-, Menü- und Dankeskarten selbst anfertigen oder drucken lassen (→ Seite 76)
- Transportmittel für die Hochzeit (Kutsche, Oldtimer o. Ä.) auswählen und bestellen (→ Seite 80–81)
- Fotograf und/oder Videofilmer aussuchen und engagieren (→ Seite 80)
- Musiker für Kirche und Hochzeitsfeier engagieren (→ Seite 104–107)
- Gegebenenfalls weitere Künstler (Clowns, Zauberer etc.) auswählen und für das Fest buchen

Drei bis zwei Monate vorher

- Ablauf des Hochzeitstages festlegen (→ Seite 78–79)
- Ablauf der kirchlichen Trauung im Detail mit dem Pfarrer absprechen (Traugespräch)
- Kostenplan überprüfen und auf den neuesten Stand bringen
- Einladungskarten verschicken
- Hochzeitstorte bestellen
- Trauringe kaufen und gravieren lassen
- Geschenkeliste anfertigen und versenden (→ Seite 110)
- Falls Geschenktisch, diesen im Fachgeschäft aufbauen lassen (→ Seite 112)
- Braut-Make-up und Frisur schon vor dem Fest ausprobieren
- Termin beim Friseur und beim Kosmetikstudio vereinbaren
- Termin beim Fotografen vereinbaren (→ Seite 80)
- Eventuell einen Tanzkurs besuchen (→ Seite 130–135)
- Hochzeitstermin von Standesamt und Pfarrer noch einmal bestätigen lassen
- Falls geplant, jetzt Ehevertrag aufsetzen und beurkunden lassen

Gehen Sie in den Lokalen der engeren Wahl inkognito essen, also ohne dass der Wirt weiß, dass Sie demnächst vielleicht bei ihm eine Hochzeit ausrichten möchten.

- Ziel der Hochzeitsreise auswählen und buchen (an Impfungen denken)
- Reisepässe oder Ausweise auf deren Gültigkeit überprüfen
- Beim Arbeitgeber Urlaub für Hochzeitsreise beantragen (eventuell muss dies auch schon früher geschehen)
- Zeremonienmeister ernennen, der den Ablauf der Hochzeitsfeier überwacht (→ Seite 65)
- Freiwillige Helfer für einzelne Punkte (Mitfahrgelegenheiten, Verteilen von Ansteckblumen, Aufstellen der Tischkärtchen etc.) bestimmen
- Für auswärtige Gäste Hotelzimmer reservieren oder Unterbringung bei Freunden/Familie organisieren
- Eventuell auch ein Hotelzimmer für die Hochzeitsnacht reservieren

Sechs Wochen vorher

- Geschenkeliste bzw. Hochzeitstisch überprüfen und eventuell ergänzen (→ Seite 109–112)
- Polterabend vorbereiten (→ Seite 7–9)
- Brautstrauß und Blumenschmuck aussuchen und bestellen (→ Seite 79–80)

- Gästeliste überprüfen, nachhaken und gegebenenfalls nachladen
- Prüfen, ob alle Dokumente zur Trauung komplett vorhanden sind

Vier Wochen vorher

- Freunde und Nachbarn formlos (evtl. telefonisch) zum Polterabend einladen
- Menüfolge oder Buffet besprechen und Tischdekoration festlegen
- Getränke (Wein, Sekt etc.) auswählen
- Gästebuch kaufen
- Kleine Geschenke für die Blumenkinder besorgen
- Fahrtstrecken abfahren und Zeiten messen, damit der Zeitplan am Hochzeitstag eingehalten werden kann; Berufsverkehr und möglichen Urlaubsverkehr bei längeren Strecken berücksichtigen. Planen Sie großzügig, denn mit einem geschmückten Auto kann man nicht schneller als 50 Stundenkilometer fahren.
- Die Trauzeugen, falls vorhanden, an notwendige, gültige Papiere erinnern
- Alle Helfer über den konkreten »Einsatzplan« am Tag X informieren

- Allen externen Beteiligten (Veranstaltungsservice, Fotograf, Musiker, Autoverleih, Konditorei etc.) noch einmal die genauen Termine mitteilen
- Gästeliste anhand der Rückantworten aktualisieren

Zwei Wochen vorher

- Tischordnung festlegen (→ Seite 82) und an das Restaurant weitergeben
- Hochzeitsschuhe einlaufen
- Kostenplan erneut überprüfen
- Friseur- und Kosmetikertermin bestätigen lassen
- Kleingeld für Trinkgelder und Hochzeitsbräuche besorgen
- Falls gewünscht, Vermählungsanzeige in der Zeitung aufgeben
- Fachgeschäft, das den Hochzeitstisch betreut, informieren, wann und wohin die Geschenke geliefert werden sollen

Eine Woche vorher

- In einer Generalprobe Kleidung anziehen, falls nötig ändern lassen; auch Make-up noch einmal ausprobieren
- Bräutigam geht zum Friseur
- Trauringe abholen
- Besuch bei der Kosmetikerin
- Eventuell Generalprobe mit Blumenkindern und Brautjungfern
- Person bestimmen, die während der Trauung in der Wohnung bleibt, um Geschenke und Blumen anzunehmen
- Ablauf der Hochzeit noch einmal komplett durchgehen, Details mit Zeremonienmeister besprechen
- Gästeliste erneut prüfen und genaue Gästezahl dem Restaurant mitteilen

Einen Tag vorher

- Trauringe und Papiere bereitlegen
- Trinkgelder bereithalten
- Geld für Brautentführung einstecken
- Letzte Kontrollen
- Entspannen (schließlich ist alles bestens vorbereitet!)

Zwei bis drei Wochen danach

- Hochzeitsfotos abholen
- Danksagungskarten verschicken
- Gegebenenfalls Hochzeitsvideo kopieren und weiterreichen

Traumhochzeit statt finanzieller Albtraum

So manches Brautpaar soll sich schon bei der Ausrichtung seiner Hochzeit über beide Ohren verschuldet haben. Kein Wunder: Für eine Feier mit vielen Gästen kommen schnell zigtausend Euro zusammen. Was die Kosten enorm in die Höhe treibt, sind die vielen »Kleinigkeiten«, die man bei der Kalkulation vergisst, die am Ende aber kräftig zu Buche schlagen. Um solche bösen Überraschungen zu vermeiden, ist eine frühzeitige Kostenplanung unumgänglich. Ungeachtet aller Vorfreude und Romantik einer Hochzeitsfeier gehört Rechnen – leider – auch dazu.

Überlegen Sie als Erstes gemeinsam mit dem Brautpaar, wie viel es für die Feier ausgeben kann und möchte. Daraus ergibt sich die Zahl der Gäste und die Exklusivität des Ortes.

Ist der finanzielle Rahmen abgesteckt, stellen Sie einen detaillierten Kostenplan auf. Hierfür finden Sie auf der nächsten Seite eine Übersicht. Natürlich werden nicht alle Posten bei der von Ihnen organisierten Hochzeit eine Rolle spielen. Sobald Sie wissen, wie hoch die tatsächlichen Kosten jeweils sind (manche Punkte können im Voraus nur ungefähr geschätzt werden), tragen Sie diese in der Liste ein.

Kostenplaner

Kleidung für die Braut
Brautkleid ______
Kopfschmuck/Schleier ______
Schuhe und Handschuhe ______
Kleid für Standesamt ______

Kleidung für den Bräutigam
Hochzeitsanzug ______
Fliege/Krawatte ______
Schuhe und Handschuhe ______
Kopfbedeckung ______
Anzug für Standesamt ______

Blumenkinder
Kleider ______
Streublumen ______

Make-up und Friseur
Make-up Braut ______
Friseur Braut ______
Friseur Bräutigam ______

Schmuck
Trauringe ______
Sonstiger Schmuck ______

Blumenschmuck
Brautstrauß ______
Autoschmuck ______
Kirchenschmuck ______
Tisch-/Raumdekoration ______

Musik und Unterhaltung
Kirchenchor/Solisten/Organist ______
Discjockey ______
Live-Band/Alleinunterhalter ______
Sonstige Entertainer ______

Standesamt
Gebühren für die Trauung ______

Zwischensumme ______

Übertrag ______

Gebühren für Urkunden ______
Familienstammbuch ______

Kirche
Gebühren und Spenden ______

Bewirtung
Sektempfang ______
Kaffee und Kuchen ______
Hochzeitstorte ______
Mittagessen ______
Abendessen ______
Getränke ______
Raummiete ______
Party-Service inkl. Trinkgelder ______
Bewirtung bei Polterabend ______

Drucksachen
Einladungskarten ______
Menükarten ______
Tischkarten ______
Danksagungskarten ______
Programmheft für Kirche ______
Zeitungsanzeige ______
Porto ______

Foto und Video
Fotograf/Videofilmer ______
Private Filme und Entwicklung ______

Transport
Hochzeitsauto ______
Taxen oder Busse ______

Sonstige Ausgaben
Hotelübernachtungen ______
Telefonkosten ______
Benzinkosten ______

Gesamte Ausgaben ______

Lassen Sie sich bei der Kostenplanung für alle externen Dienstleistungen wie Musiker, Fotografen und Restaurants Kostenvoranschläge geben, damit Sie in Ruhe vergleichen können und Ihre Zahlen einigermaßen realistisch sind.
Für Trinkgelder und unerwartete Kosten sollten Sie ein Polster von mindestens zehn Prozent des Budgets als Reserve einplanen – die Erfahrung lehrt, dass es hinterher immer etwas teurer wird. Führen Sie die Kostenliste möglichst genau, und gehen Sie sie immer wieder durch. So können Sie laufend überprüfen, ob die Limits eingehalten oder um wie viel sie überschritten werden.

Sparprogramm

Sollten Sie feststellen, dass Ihre ersten Planungen den finanziellen Rahmen sprengen, gibt es folgende Möglichkeiten, Kosten einzusparen:

- Streichen Sie Gäste von der Liste.
- Wählen Sie ein günstigeres Menü oder Buffet aus.
- Fragen Sie nach, ob Sie Sekt und Wein selbst mitbringen dürfen. Das Lokal bekommt für den Service dann lediglich ein Korkgeld.
- Feiern Sie zu Hause, und engagieren Sie einen Party-Service.

Die Gästeliste

Zunächst sollte sich das Brautpaar selbst überlegen, wen es wirklich gerne zu seiner Hochzeit einladen möchte – unabhängig von den Vorstellungen anderer Familienmitglieder und zunächst auch unabhängig von den finanziellen Möglichkeiten. Erst dann wird erwogen, wer sonst noch aus »diplomatischen« oder sonstigen Gründen mit von der Partie sein sollte.

Sollten Sie mehrere Feiern mit unterschiedlichen Gästen planen, führen Sie – um den Überblick zu behalten – für jede Feier eine eigene Gästeliste.

Bei der endgültigen Fassung der Gästeliste ist letztlich das Hochzeitsbudget entscheidend. In Anbetracht dessen müssen Sie gegebenenfalls die Gästeliste wieder nach unten korrigieren. Erlaubt das Budget partout keine große Hochzeitsfeier, feiern Sie nur mit den engsten Verwandten und Freunden. Alle Übrigen laden Sie zum Polterabend ein. Der ist wesentlich günstiger als eine aufwändige Hochzeitsfeier mit festlichem Menü. Oder Sie veranstalten eine Polterhochzeit.
Steht die Gästeliste, können Sie folgende Aufgaben in Angriff nehmen: Einladungen versenden, Zu- und Absagen registrieren und ausreichend Dankeskarten besorgen. Hierfür sollten Sie eine Liste mit Name, Adresse und Telefonnummer aller Gäste erstellen. Alle Personen – auch Pärchen und Familien mit Kindern – werden einzeln aufgeführt. Bei jedem Gast notieren Sie dann, wann die Einladung verschickt wurde, ob er zu- oder abgesagt hat und später, ob die Dankeskarte an ihn verschickt wurde.

Die Einladung

Früher war es Sitte, die Einladungen zur Hochzeit persönlich zu überbringen: Der Hochzeitslader, für gewöhnlich ein Freund des Bräutigams, zog von Tür zu Tür und bat die Gäste mit einer Einladungsrede um ihr Kommen.
Heute zieht man nicht mehr als Hochzeitslader um die Häuser, sondern lässt den Gästen per Post die Einladungen zukommen. Das macht die Sache bequemer, wirft jedoch die Frage auf, wie die Einladungskarten gestaltet sein sollen.
Es gibt viele Möglichkeiten; für welche Sie und die Brautleute sich entscheiden, ist reine Geschmackssache und natürlich auch eine Geldfrage.
Auf jeden Fall sollten Sie darauf achten, dass die Karte zum Stil der Hochzeitsfeier passt. So haben die Gäste auch schon einen gewissen Anhaltspunkt, in welcher Kleidung sie erscheinen sollen. Wer z. B. auf edelstem Büttenpapier zu einer Polterhochzeit in einem Partykeller lädt, liegt garantiert verkehrt.
Es gibt drei Gruppen von Einladungskarten: Karten aus der Druckerei, vorgedruckte Karten aus dem Schreibwarengeschäft und – genug Zeit und begabte Hände vorausgesetzt – selbst gestaltete Karten.

Karten aus der Druckerei

Eine Einladungskarte aus der Druckerei ist dann zu empfehlen, wenn sehr viele Gäste eingeladen werden. Sie sparen dadurch viel Zeit, müssen aber auch etwas mehr investieren. Die meisten Druckereien haben Musterbücher, die Sie bei der Auswahl von Papier, Text, Schriftstil, Farben und grafischen Elementen zu Rate ziehen können. Holen Sie zunächst immer mehrere Angebote ein, und vergleichen Sie genau die Preise.

Die persönlichen Daten wie Name, Ort, Datum und Uhrzeit werden immer per Hand eingetragen. Vielleicht kennen Sie jemanden mit einer schönen Handschrift, der die Einladungskarten für Sie schreiben kann.

Die Druckerei wird Ihnen Vorschläge für die Gestaltung der Karten unterbreiten.

Wenn Sie den Druckauftrag schließlich vergeben, lassen Sie immer ein paar Karten mehr drucken, als Sie eigentlich benötigen. Denn oft fallen einem später noch Gäste ein, die man zunächst vergessen hat, oder man muss Gäste nachladen, da andere abgesagt haben.
Die Druckereien bieten in der Regel passend zu den ausgesuchten Einladungskarten auch Tisch- sowie Menükarten an. Vielfach lassen auch Restaurants in ihrem Haus Menükarten anfertigen.

Karten aus dem Schreibwarengeschäft

Für eine Hochzeit im kleinen Kreis bieten sich vorgedruckte Karten an. Sie sind in den verschiedensten Ausführungen erhältlich: von schlicht und elegant über aufwändig verziert bis bunt und peppig.

Selbst gestaltete Karten

Individuelle Einladungen sind am persönlichsten, machen aber auch am meisten Arbeit. Ziehen Sie diese Art der Einladung deshalb nur bei einer kleinen Gästezahl in Betracht.
Hier ein paar Gestaltungsideen: Kleben Sie ein Foto der Hochzeiter auf die Einladungskarte. Amüsant ist auch eine Collage aus mehreren alten und neuen Fotos. Auf manchen ist das Paar gemeinsam zu sehen, andere zeigen Braut und Bräutigam als Kinder oder Teenager. Anschließend vervielfältigen Sie die Collage am Farbkopierer.
Wenn Sie Wert auf Ausgefallenes legen, beschriften Sie einen aufgeblasenen Luftballon mit dem Einladungstext, lassen die Luft wieder heraus und stecken ihn in ein Kuvert. Oder Sie zerschneiden die Einladung in kleine Teile, die der Empfänger wie ein Puzzle zusammensetzen muss. Wenn Sie zu einer Landhochzeit laden, können Sie beispielsweise Getreidehalme und getrocknete Blumen beilegen. Findet die Hochzeit in den eigenen vier Wänden statt, schneiden Sie Papier in Form eines Hauses aus und lassen aus einem Fenster ein Foto von Braut und Bräutigam schauen.

Was muss, was kann rein?

Wie Sie die Einladung formulieren, ob Sie einen Standardtext verwenden, den Trauspruch oder eine Lebensweisheit zitieren oder selbst etwas dichten, obliegt Ihren Vorlieben. Einige Informationen gehören allerdings in jedem Fall in die Einladung,

Je kleiner die Zahl der Gäste, umso aufwändiger können selbst gemachte Einladungen ausfallen.

Besonders festlich wirken Einladungskarten im Querformat.

wenn Sie sich und den Gästen lästige Rückfragen ersparen wollen:

Absender Geben Sie Namen und Anschrift inklusive Telefonnummer des Brautpaares an. Irgendein entfernter Verwandte weiß vielleicht gar nicht, wohin er seine Zusage schicken soll.

Orte der Feier Standesamt, Kirche und Festraum werden einzeln und mit Uhrzeit aufgeführt.

Kleiderordnung Wenn Sie Wert auf festliche Kleidung legen oder aber eine Trachtenhochzeit planen, muss dies unbedingt aus der Einladung hervorgehen, etwa durch den Zusatz »um Abendkleidung wird gebeten«. Findet das Fest unter freiem Himmel oder in einem Festzelt statt, sollten Sie explizit darauf hinweisen, dass die Gäste für den Abend etwas Wärmeres zum Anziehen brauchen.

Rückantwort Bitten Sie in der Einladung um eine Antwort bis spätestens vier Wochen vor dem Hochzeitstermin. Entweder mit dem Kürzel u. A. w. g. (um Antwort wird gebeten) oder in Form eines Reimes. Sinnvoll ist es, eine bereits frankierte Rückantwortkarte beizulegen, auf der die Gäste auch Übernachtungsbedarf oder Abholung von einem Bahnhof oder Flughafen vermerken können. Sammeln Sie die eingegangenen Karten in einer Mappe; so haben Sie stets den Überblick und können am angegebenen Stichtag kurz telefonisch nachhaken, wenn sich jemand noch nicht gemeldet hat.

Im Hinblick auf auswärtige Gäste sollten Sie der Einladung eine Anfahrtskizze und Angebote zur Buchung einer Unterkunft beilegen. Listen der Hotels vor Ort bekommen Sie beim örtlichen Fremdenverkehrsverein.

Geschenke Erwähnen Sie auch, wie die Geschenkwünsche organisiert werden; legen Sie entweder die Geschenkeliste bei, oder verweisen Sie auf einen Hochzeitstisch; oder bitten Sie um Geldgeschenke.

Lageplan Unerlässlich ist eine genaue Ortsangabe: Kopieren Sie die entsprechenden Örtlichkeiten aus dem Stadtplan, und markieren Sie mit einem Stift Standesamt, gegebenenfalls Kirche sowie Festlokal. Für Notfälle vermerken Sie Anlaufstellen mit Telefonnummern.

Der Ablauf des Hochzeitstages

Damit ein reibungsloser, stressfreier Ablauf gewährleistet ist, sollte der Hochzeitstag bis ins letzte Detail geplant werden. Denn je nachdem, zu welcher Tageszeit die Trauung stattfindet, lässt sich der restliche Tag ganz unterschiedlich gestalten. Vergessen Sie bei der Planung auch nicht die kleinen »Zeit-Puffer«, falls etwas länger dauert als vorgesehen. Packen Sie das Programm also nicht zu voll.
Eine Trauung am Vormittag bietet die Möglichkeit, den ganzen Tag lang ausgiebig zu feiern. Allerdings besteht dabei die Gefahr, dass Brautpaar und Gäste abends bereits viel zu müde sind, um noch ausgelassen zu feiern und zu tanzen. Wer diesem Risiko aus dem Weg gehen möchte, legt die Trauung so spät wie möglich. Fällt der Termin auf den frühen Nachmittag, beginnt die Hochzeitsfeier danach mit einem gemeinsamen Kaffeetrinken und endet schließlich mit einem gemütlichen Abendessen.
Wer viele Gäste von weither erwartet, wird sich meist für eine Trauung am späten Nachmittag entscheiden. Anschließend begibt man sich zum Sektempfang, der mehr oder weniger nahtlos ins Abendessen mündet. Anschließend wird getanzt. Diese Variante ist nebenbei bemerkt auch die günstigste, da sie mit weniger Mahlzeiten auskommt.
Einerseits haben nur wenige Standesämter samstags geöffnet, andererseits ist dies für die meisten Hochzeitsgäste der günstigste Termin. Daher empfiehlt es sich, die standesamtliche Trauung auf einen Freitag und die kirchliche Trauung auf den folgenden Samstag zu legen. Falls Sie nur in einem kleinen Rahmen feiern, werden sich die wenigen Gäste sicher gerne auch unter der Woche freinehmen. Es gibt auch die Möglichkeit, nicht nur einen Tag zwischen Standesamt und Kirche vergehen zu lassen, sondern eine bis mehrere Wochen.

Möglicher Ablauf einer eintägigen Hochzeit

Vormittags Standesamtliche Trauung, danach gibt es für alle Anwesenden Sekt – entweder im Garten oder in der Empfangshalle des Standesamtes. Anschließend sollte man ein bis zwei Stunden für den Fototermin des Brautpaares einplanen.
Mittags Buffet mit warmen und kalten Speisen für einen erweiterten Gästekreis oder – sofern nur wenig Zeit bis zum nächsten Termin ist – kleine Häppchen für das Brautpaar und die Trauzeugen. Anschließend wird eine kleine Ruhepause eingelegt.
Nachmittags Eventuell kirchliche Trauung mit anschließendem Empfang oder Kaffeetafel mit Hochzeitstorte
Abends Entweder bricht das jungvermählte Paar in die Flitterwochen auf, oder es wird bis in die frühen Morgenstunden gefeiert.

Möglicher Ablauf einer zweitägigen Hochzeit

Erster Tag

Vormittags Standesamtliche Trauung, danach kleiner Sektempfang

Mittags Festmenü oder festlicher Brunch für den engsten Familien- und Freundeskreis

Nachmittags Kaffee und Kuchen in einem Lokal oder zu Hause

Zweiter Tag

Vormittags Fototermin des Brautpaares

Nachmittags Kirchliche Trauung mit anschließendem Empfang bzw. Kaffeetafel für die gesamte Hochzeitsgesellschaft

Abends Aufbruch in die Flitterwochen oder ein großes Fest bis in die frühen Morgenstunden

Blumenschmuck

Alles wird an diesem Tag mit Blumen geschmückt: vom Haar der Braut über den Hochzeitswagen bis hin zur Hochzeitstafel. Man sollte sich also rechtzeitig Gedanken über die Anzahl der benötigten Blumen und Gestecke machen und entsprechend Aufträge vergeben.

Brautstrauß

Ein Brautstrauß ist obligat, sowohl bei der standesamtlichen wie bei der kirchlichen Trauung. Traditionell wird er vom Bräutigam besorgt. Doch dieser Brauch birgt gewisse Tücken, vor allem, wenn der Bräutigam das Brautkleid nicht kennt. Besser ist es daher, wenn Sie oder die Braut den Strauß selbst aussuchen. Seien Sie dabei nicht knauserig, und lassen Sie den Brautstrauß nur von einem Profi binden, denn anders als gewöhnliche Blumen muss der Brautstrauß sehr lange ohne Wasser auskommen. Die meisten Floristen verfügen über Fotoalben, in denen man sich Ideen für den Brautstrauß holen kann.

Hochzeitswagen

Egal, ob Kutsche, Luxuslimousine oder Ente: Erst der Blumenschmuck auf der Kühlerhaube macht das Fahrzeug zum Hochzeitswagen. Je nach Wagentyp lassen sich auch kleine Sträuße und Bänder an den Türgriffen befestigen. Nennen Sie dem Floristen auf alle Fälle die Farbe des Wagens, damit er die Blumen entsprechend darauf abstimmen kann.
Zur Befestigung der Pracht gibt es eigene, TÜV-geprüfte Halterungen: Das sind Saugnäpfe, die sich kinderleicht montieren und ohne Kratzspuren wieder entfernen lassen. Der Blumenschmuck sollte so befestigt werden, dass er die Sicht des Fahrers nicht behindert.

Blumenkinder

Viele Hochzeiter engagieren Blumenkinder, die mit Körben voller Blütenblätter ausgestattet werden müssen. Die großen Blütenblätter von Rosen sind hierfür besonders gut geeignet. Für die Mädchen kann man noch Blütenkränze fürs Haar und für die Jungen passende Ansteckblumen anfertigen lassen.

Brautjungfern

Sind Brautjungfern mit von der Partie, bekommen diese jeweils eine kleine Version des Brautstraußes in die Hand. Auch die Haare können ähnlich wie die der Braut – dezenter, versteht sich – mit Blüten geschmückt werden.

Raum- und Tischdekoration

Der Blumenschmuck für die Hochzeitstafel orientiert sich wieder am Brautstrauß. Achten Sie jedoch darauf, dass die Gestecke für die Tische farblich zum Raum, den Tischdecken und dem Geschirr passen. Auch der übrige Raum und das Buffet (falls vorhanden) werden mit Blumen dekoriert.

Dem Bräutigam wird einer Anstecknadel mit den gleichen Blumen wie im Brautstrauß ans Revers geheftet.

Zur kirchlichen Trauung: In manchen Gemeinden ist es üblich, dass der Küster die Kirche schmückt. Sie können die Dekoration aber auch selbst übernehmen. Neben dem Altar werden die Stirnseiten der Kirchenbänke mit grünen Zweigen oder kleinen Sträußchen geschmückt. Wer möchte, hängt eine Blumengirlande über das Kirchenportal.

Fotografien

Zu keinem anderen Anlass wird so viel fotografiert wie bei einer Hochzeit. Um sicher zu gehen, dass die Hochzeitsfotos gelingen, sollten Sie einen professionellen Fotografen engagieren.
Da gute und nicht zu kostspielige Fotografen oft auf lange Sicht ausgebucht sind, sollten Sie sich beizeiten darum kümmern. Vereinbaren Sie einen Pauschalpreis für die Erstellung der Bilder, und klären Sie, zu welchem Preis Sie Abzüge kaufen sowie nachbestellen können. Lassen Sie sich auch Muster zeigen, und vergleichen Sie die Angebote verschiedener Studios. Sie werden nicht nur preisliche, sondern auch stilistische Unterschiede feststellen.
Das eigentliche Hochzeitsfoto wird für gewöhnlich im Studio gemacht, meist gleich nach dem Standesamt bzw. der kirchlichen Trauung. Planen Sie für den Studiobesuch mindestens eine Stunde ein, und lassen Sie genügend Spielraum zum nachfolgenden Termin.
Eine Alternative zum Studio sind Außenaufnahmen, die jedoch wetterabhängig sind. Organisieren Sie deshalb eine Ausweichmöglichkeit, wenn Petrus nicht mitspielt.
Viele Paare wünschen sich neuerdings ein Hochzeitsvideo. Auch hier sollten Sie einen Profi und nicht den Hobbyfilmer an die Kamera lassen.

Der Transport

Auch der Transport muss vorab organisiert werden – einerlei, ob er mit vier oder 200 Pferdestärken vonstatten gehen wird. Von der traditionellen Kutsche ist bei größeren Entfernungen allerdings

abzuraten, denn damit kommen Sie nur sehr langsam vorwärts.
Planen Sie, ein Auto von einem privaten Anbieter zu mieten, sollten Sie unbedingt vorher eine Probefahrt machen. Sorgen Sie dafür, dass das Auto vor seinem Einsatz am Hochzeitstag gewaschen wird, und bestellen Sie es rechtzeitig, damit genug Zeit zum Schmücken bleibt. Der Mietpreis sowie die Mietzeiten sollten schriftlich vereinbart werden.
In der Regel treffen die Brautleute als Letzte vor der Kirche ein. Reservieren Sie also einen Parkplatz, oder ermöglichen Sie zumindest, dass das Auto vorfahren kann. Nach der Trauung verteilen Sie an alle Autobesitzer weiße Schleifen, die diese an die Antennen binden.
Ein besonderer Service für die Gäste sind bereitgestellte Taxen oder Kleinbusse, die diese nach der Feier zurück nach Hause fahren oder ins Hotel bringen.
Auswärtige Gäste freuen sich über einen Abholservice, der sie vom Bahnhof oder Flughafen zum Hotel oder zur Kirche bringt. Fragen Sie deshalb Freunde im Vorfeld, ob sie einen Abstecher einplanen könnten. Lässt sich kein privater Shuttleservice organisieren, reservieren Sie einen Mietwagen.

Bewirtung der Gäste

Wenn die Hochzeitsgesellschaft auswärts bewirtet wird, sollten Sie aus Kostengründen von einem Essen à la carte absehen. Legen Sie vorher ein Menü fest, oder organisieren Sie ein Buffet.

Die Minimalversion eines Menüs besteht aus Suppe oder Vorspeise, Hauptgericht und Dessert und lässt sich beliebig erweitern. Die klassische Speisenfolge lautet: kalte Vorspeise, Suppe, Zwischengericht, Sorbet, Hauptgericht, Käse, Dessert oder Obst. Beendet wird das Menü mit einem Kaffee.
Wenn Sie allen Geschmäckern gerecht werden wollen, wählen Sie ein Buffet. Das hat auch den Vorteil, dass jeder so viel essen kann, wie er will. Allerdings ist ein Buffet nicht so stilvoll und bringt auch einige Unruhe mit sich, da ständig jemand unterwegs ist. Wie wäre es daher mit einer Kombination aus Menü und Buffet? Vorspeise, Suppe und Dessert werden am Platz serviert, Hauptgerichte verschiedener Art holen sich die Gäste vom Buffet.
Stellen Sie zwischen die Gedecke Menükarten, auf denen die Speisenfolge und die Getränke vermerkt sind.

Beim Empfang nach der Trauung wird Sekt oder, wenn es teurer sein darf, Champagner gereicht. Bieten Sie auf alle Fälle auch alkoholfreie Getränke an, z. B. Orangensaft, sowie Häppchen gegen den kleinen Hunger: von klassischen Kanapees über Fleischbällchen bis zu Miniquiches ist alles geeignet, was ohne Besteck gegessen werden kann. Falls am Nachmittag Kaffee vorgesehen ist, sollten Sie auch Tee und heiße Schokolade bereithalten. Bei den Kuchen empfiehlt sich ein breites Spektrum, das nicht nur Sahnetorten, sondern auch Obstkuchen und Gebäck umfasst.

Das gemeinsame Essen von Brautpaar und Gästen nach der Trauung ist ein uralter Brauch. Es kommt nicht von ungefähr, dass der Begriff »Vermählung« das Wort »Mahl« enthält.

Vergessen Sie bei den Bewirtungskosten pro Kopf nicht die Getränke. Als grobe Faustregel gilt: Menüpreis mal zwei. Stellen Sie keinesfalls alle Getränke zur freien Verfügung, sondern treffen Sie eine Vorauswahl. Nur diese Getränke dürfen dann ausgegeben werden. Bei der Auswahl der passenden Weine lassen Sie sich von einen Fachmann beraten, denn bei einem vornehmen Menü gehört zu jedem Gang ein anderer Wein.
Findet die Feier im privaten Umfeld statt, bitten Sie möglichst viele Gäste, etwas mitzubringen. Vereinbaren Sie detailliert mit jedem, was er beisteuert; nicht dass Sie dann beispielsweise Hackfleischbällchen in drei verschiedenen Versionen haben. Falls Sie nicht genügend Geschirr, Besteck und Gläser sowie Sitzgelegenheiten zur Verfügung haben, was vermutlich der Fall sein wird, leihen Sie sich die fehlenden Stücke bei Freunden und Verwandten.
Die Getränke holen Sie nach und nach ins Haus, dann müssen Sie nicht alles auf einmal schleppen. Neben Wein, Sekt und Bier dürfen auch Mineralwasser und Säfte nicht fehlen. Zum Aperitif wird Campari, Martini, Sherry und Tomatensaft angeboten, zum Digestif Kräuterbitter, Cognac und Grappa.
Wollen Sie Ihren Arbeitsaufwand so gering wie möglich halten, engagieren Sie einen Partyservice. Dieser liefert nicht nur Essen und Getränke, sondern stellt auch Personal und vermietet Geschirr, Tische, Stühle sowie ganze Festzelte.

Die Tischordnung

Die Tischordnung will wohl überlegt sein, denn die richtige Zusammensetzung der Gäste ist entscheidend für die Stimmung auf dem Fest. Da das Brautpaar seine Gäste selbst am besten kennt und beispielsweise um den jahrelangen Zwist zwischen Onkel Gottfried und Tante Käthe weiß, sollten Sie es bei der Festlegung der Tischordnung mit einbeziehen. Ob die Tafel rund, eckig, U-, T- oder E-förmig ist, oder ob einzelne Tische für sechs, acht oder zehn Personen aufgebaut werden, hängt von der Gästezahl, den

Symbole der Liebe wie Rosen und weiße Tauben schmücken die festlich eingedeckte Tafel.

räumlichen Gegebenheiten sowie Ihren persönlichen Vorstellungen ab.
Versuchen Sie, Gäste zusammenzusetzen, von denen Sie wissen oder vermuten, dass sie sich gut verstehen oder ähnliche Hobbys und Vorlieben haben. Scheuen Sie sich jedenfalls nicht, die Familien und Freundeskreise von Braut und Bräutigam bunt zu mischen. Als Anhaltspunkt dafür, wer neben wem sitzen sollte, gelten folgende Empfehlungen:

- Die Braut sitzt rechts vom Bräutigam an einem zentral gelegenen Tisch bzw. bei einer Tafel an einem zentralen Platz, jedoch nicht an der Stirnseite.
- Neben der Braut sitzt ihr Vater oder der Vater des Bräutigams. Neben Letzterem sitzt dessen Mutter oder die Brautmutter.
- Traditionell werden Mann und Frau abwechselnd platziert, was natürlich nicht immer durchzuhalten ist.
- Ist ein Geistlicher zugegen, sitzt dieser in der Nähe des Brautpaares.
- Je entfernter der Grad der Verwandtschaft, desto weiter weg vom Brautpaar nimmt der Gast an der Tafel Platz.
- Je jünger der Gast, desto weiter entfernt ist sein Platz vom Brautpaar.

Planen Sie die Sitzordnung an einer Pinnwand oder an einem großen Tisch: Aus Papier ausgeschnittene Rechtecke dienen als Tische, jeder Gast ist durch ein Namensschildchen repräsentiert. So können Sie verschiedene Sitzszenarios durchspielen. Eine Tischordnung ist nur sinnvoll, wenn die Gäste auch wissen, wo sie sitzen. Tischkarten sind also unerlässlich. Stehen viele Tische im Raum, sollten Sie einen Sitzplan am Eingang auslegen. Auf diesem Plan sind die Tische eingezeichnet und nummeriert, dazu gibt es eine alphabetische Gästeliste, die jedem Gast eine Tischnummer zuweist.

Das Festprogramm

Feiern und Spiele hängen für viele Menschen eng zusammen – sicherlich mit ein Grund, weshalb gerade auf Hochzeitsfeiern so viel gespielt, aber auch vorgeführt, getanzt und gesungen wird. Wenn Sie und »Ihre« Brautleute diese Art von Unterhaltung zu schätzen wissen und mit der einen oder anderen Spielidee den festlichen Rahmen ein wenig auflockern möchten, finden Sie in diesem Kapitel ein reichhaltiges Programm mit Vorschlägen für die verschiedensten Festspiele. Während die einen viel Bewegung in die Hochzeitsgesellschaft bringen, machen andere die Gäste spielerisch miteinander bekannt. Wieder andere testen die Ehetauglichkeit des frisch gebackenen Paares oder basieren auf einem schönen Hochzeitsbrauch.

Ideen für die Hochzeitsfeier

Spätestens wenn die Hochzeitsgäste satt sind und das »offizielle« Programm absolviert wurde, beginnt die Zeit für Spiele. Diese sollen die Stimmung heben, dürfen also nicht zu schwierig sein und auch niemanden blamieren. Darüber hinaus sollten die Spieleinlagen unkompliziert und ohne großen Aufwand zu realisieren sein und auf keinen Fall zu lange dauern. Denn gerade bei Hochzeitsfeiern kommen viele Menschen zusammen, die sich schon lange nicht mehr gesehen haben und die Gelegenheit, sich zu unterhalten, sehr willkommen heißen – dies sollte

nicht durch zu viel Entertainment unmöglich gemacht werden.
Das bedeutet auch, dass Sie sich mit den anderen Gästen der Hochzeit im Vorfeld beraten sollten, wer was zum Besten geben oder an Spielen veranstalten möchte. Hierzu empfiehlt es sich, eine Liste auszugeben, auf der die einzelnen Programmpunkte genannt sind. Diese sollte bereits vor der Feier unter den Gästen in Umlauf gegeben werden.
Nehmen Sie auch Rücksicht auf »Spielmuffel«, und versuchen Sie diese nicht allzu aufdringlich zum Mitmachen zu animieren. Das bringt unter Umständen schneller schlechte Stimmung, als Sie denken, da die oder der Betreffende vielleicht meint, als Spielverderber abgestempelt zu werden.

Bewegungsspiele

Wenn sich eine gewisse Müdigkeit einstellt, ist es sinnvoll, mit einem lustigen Bewegungsspiel wieder etwas Schwung in die Hochzeitsgesellschaft zu bringen.

Eierlauf

Dies ist ein symbolträchtiges Spiel, denn zum einen sind Eier per se ein Fruchtbarkeitsymbol, zum anderen kann auch eine Ehe manchmal ein ziemlicher Eiertanz sein … Bei diesem Spiel brauchen Sie sechs bis acht Stühle und für jeden Mitspieler einen Suppenlöffel sowie ein ausgeblasenes Ei. Die Stühle stellen Sie in einer Reihe mit jeweils etwa einem Meter Abstand voneinander auf.
Die Spieler, unter denen sich auch das Brautpaar befinden sollte, versammeln sich alle an einem Ende der Stuhlreihe.
Den Anfang macht nun der Bräutigam: Er legt ein ausgeblasenes Ei auf den Löffel und nimmt dessen Stiel in den Mund. Auf das Startkommando hin läuft der Bräutigam im Eiltempo und im Slalom durch die Stuhlreihe hindurch ans andere Ende und wieder zurück. Danach kommen die Braut und die anderen Mitspieler an die Reihe.
Wem das Ei vom Löffel kullert, scheidet aus. Wer es dagegen heil durch den Parcours bringt, tritt in den nächsten Runden wieder an. In diesen wird es dann immer schwieriger: Nach dem Slalom muss über die Stühle balanciert werden, in der Folgerunde können Sie den Eierläufern die Augen verbinden.
Der Sieger erhält ein kleines Präsent.

Nudelholzstaffel

Wenn die erste Liebe etwas abgeflaut ist und der Gatte abends wieder einmal viel zu spät nach Hause kommt, dann – so wollen es zumindest Witze und Karikaturen – erwartet ihn seine Frau mit dem Nudelholz.
Auf der Hochzeitsfeier kommt dieses (noch ¿!) spielerisch zum Einsatz.
Hierfür stellen sich zehn bis zwölf Spieler in einer Reihe nebeneinander auf.
Am Anfang steht die Braut, am Ende der Bräutigam. Dann legen Sie diesem das Nudelholz zwischen die Knie, die er fest zusammendrücken muss, damit das Holz nicht zu Boden fällt. Mit diesem Handicap versehen muss er sich auf den Weg zu seiner Angetrauten machen und ihr das Nudelholz zwischen die Knie legen, ohne dabei die Hände zu gebrauchen. Ist das vollbracht, geht die Braut zum Spieler am anderen Ende der Reihe, übergibt ihm das Nudelholz auf die gleiche Weise und so fort. Wer das Holz fallen lässt, scheidet aus. Dieses Spiel dauert erfahrungsgemäß nicht so lange wie der Eierlauf, denn die handfreie Nudelholzübergabe ist ein kleines Kunststück, das nicht jedem gelingt, dafür aber immer für viele Lacher sorgt.

Ein Tag im Leben des Bräutigams

Diesen »Blindtest für die Ehe« veranstalten Sie am besten zu vorgerückter Stunde. Sie benötigen dazu ein großes weißes Bettlaken, ein Paar Schuhe, ein Lätzchen, einen Kinderpullover und eine Kinderhose. In das Betttuch wird in die Mitte ein Loch geschnitten, sodass man einen Kopf hindurchstecken kann. Unterhalb des Loches nähen Sie mit einigen Nadelstichen den Kinderpullover fest, darunter die Kinderhose. An den Stellen für Hände und Füße schneiden Sie ebenfalls Löcher in das Bettlaken.
Am Festabend stellen Sie dann einen Tisch mit Stuhl im Raum auf und bitten das Brautpaar, hinzuzutreten. Zwei Helfer halten das Bettlaken hinter dem Tisch in die Höhe. Der Bräutigam setzt sich auf den Stuhl und steckt seinen Kopf durch den oberen Schlitz und seine Hände durch die beiden Fußschlitze. Dann wird er angezogen: Die Schuhe stülpen Sie ihm über die Hände, und das Lätzchen wird unter seinem Kinn befestigt. Die Braut stellt sich hinter ihren Mann und steckt ihre Arme durch die Armschlitze. Für die Zuschauer sieht es aus, als würde ein kleines Kind auf dem Tisch stehen – der erster Lacher ist Ihnen sicher.

Dann kann es losgehen: Sie lesen eine kleine Geschichte vor, wie der Tagesablauf des Bräutigams aussehen könnte. Die Braut muss sämtliche Tätigkeiten, die genannt werden, mit den Händen ausführen. Dadurch, dass sie ihren Mann nicht von vorne sehen kann, ergeben sich natürlich erhebliche Schwierigkeiten hinsichtlich Orientierung und Treffsicherheit, was für weitere Lacher sorgt.
Die Geschichte können Sie individuell auf den Bräutigam zuschneiden; als Freund wissen Sie sicherlich um die eine oder andere typische Angewohnheit oder um Rituale, die er tagtäglich vollzieht. Hier nur eine Anregung, wie Sie das Ganze formulieren könnten:
»Der kleine … (Name des Bräutigams) steht ganz verschlafen auf und reibt sich die Augen (die Braut reibt ihrem Gatten die Augen, natürlich ohne etwas zu sehen). Er gähnt und geht (Schuhe trappeln) ins Badezimmer, um sich die Zähne zu putzen (Zahnbürste mit Sahne reichen). Danach spült er sich den Mund aus (dazu ein Glas Wasser reichen). Anschließend wäscht sich Klein-… (wieder Name des Bräutigams, nun einen Waschlappen reichen) und rasiert sich (hierzu ein stumpfes, mit Sahne bestrichenes Messer reichen). Nun noch schnell die Haare gekämmt (Kamm reichen) und schon kann der Tag beginnen. … (Name des Bräutigams) geht in die Küche, um zu frühstücken. Da er heute einen besonders langen Schultag hat, isst er einen Jogurt (einen Becher Jogurt reichen) und ein Müsli (Schale mit Müsliflocken reichen). Danach putzt er sich noch gründlich den Mund ab (Serviette reichen) und macht sich auf den Weg in die Schule (wieder mit den Schuhen auf dem Tisch trappeln).«
In diesem Stil geht es weiter. Sie können selbst bestimmen, wie lange und ausführlich Sie die Geschichte gestalten möchten. Länger als 15 Minuten sollte die Vorstellung nicht dauern, denn irgendwann verlieren die Gäste und die ausführenden Brautleute den Spaß.

Märchenstunde

Ahmen Sie mit acht Stühlen eine Kutsche nach. Dann bitten Sie acht Gäste zu einer kleinen Märchenstunde, für die Sie zuvor ein bekanntes Märchen, wie etwa Aschenputtel oder Hänsel und Gretel, auf das Brautpaar umgeschrieben haben. Die acht Teilnehmer setzen sich in die improvisierte Kutsche. Jedem Spieler

weisen Sie ein Wort zu, bei dem er aufstehen und die Kutsche umrunden muss. Dann fangen Sie mit Ihrer Geschichte an, die die Gäste zum einen amüsiert, weil nette Anekdoten über das Brautpaar publik werden, und zum anderen, weil in immer kürzeren Abständen ein Spieler um die Kutsche rennt. Lustig wird es, wenn in manchen Sätzen ein Wort gleich mehrmals eingebaut ist und immer dieselbe Person sprintet. Wer seinen Renneinsatz verschläft, scheidet aus. Der Sieger erhält zur Erinnerung ein schönes Märchenbuch, versehen mit einer Widmung des Brautpaars.

Bierdeckel festhalten

Verteilen Sie auf dem Boden des Festraumes jede Menge Bierdeckel. Dann bestimmen Sie einige Paare (jeweils ein Mann und eine Frau), die gegeneinander spielen.

Jedes Paar stellt sich mit genügend Abstand zu den anderen auf und muss nun einen Bierdeckel aufnehmen und an einer Stelle platzieren, die vom Spielleiter vorgegeben wird. Beispielsweise geben Sie das Kommando: »Die Herren nehmen jetzt einen Bierdeckel auf (warten, bis alle soweit sind) und verstauen diesen unter einer Achsel der Dame (warten ...).« In der nächsten Runde folgt ein weiterer Befehl. Dabei müssen alle bereits platzierten Bierdeckel dort verbleiben, wo sie sind. Beispielsweise: »Jetzt nehmen die Damen einen Bierdeckel (warten ...) und halten ihn dem Herrn an die Brust (warten ...).« Da bereits untergebrachte Bierdeckel nicht mehr runterfallen dürfen, verknoten sich die Paare von Runde zu Runde immer stärker. Das Paar, das einen Bierdeckel fallen lässt, scheidet aus.

Spiele zum Kennenlernen

Nicht alle Hochzeitsgäste werden sich untereinander kennen, und so bietet ein Kennenlernspiel die Möglichkeit, neue Bekanntschaften zu knüpfen.

Gemeinschaftskunstwerk

Kopieren Sie das Bild von einem bekannten Künstler. Dieses sollte nicht zu klein sein bzw. mindestens auf DIN A4, besser noch auf DIN A3 vergrößert werden. Zerschneiden Sie die Kopie in lauter gleich große Planquadrate und versehen die Schnipsel auf der Rückseite mit den entsprechenden Lage-Koordinaten (A1, A2 etc.). Darüber hinaus bereiten Sie ein

Plakat vor, auf dem die Gäste später das Bild nachmalen sollen. Dazu nehmen Sie einen weißen Fotokarton, auf dem Sie die Koordinaten einzeichnen, und stellen diesen auf eine Staffelei.
Am Festabend machen Sie die Runde mit einem Körbchen, in dem alle Quadrate liegen. Jeder Gast muss eines herausnehmen und den gezogenen Bildausschnitt im Laufe des Abends auf das vorbereitete Plakat mit Wachsstiften malen. So entsteht ein echtes Unikat, die Gäste lernen sich beim Malen besser kennen und haben ihren Spaß.

Warming up

Bitten Sie die Gäste nach dem Hochzeitsmenü, einen inneren und einen äußeren Kreis mit jeweils gleich vielen Personen zu bilden. Dann drehen sich alle Teilnehmer des inneren Kreises zu den äußeren Mitspielern, sodass jeder ein Gegenüber hat und dieses ansehen kann. Fordern Sie den inneren Kreis nun auf, sich zu bewegen: »Jetzt wird's sportlich, und der innere Kreis bewegt sich bitte fünf Schritte nach rechts!« Die Gäste im äußeren Kreis bleiben dabei stehen.
Sobald jeder einen neuen Partner hat, geben Sie ein Themengebiet an, über das sich jedes Paar maximal zwei Minuten unterhalten soll. Die Themen können Sie ganz nach Belieben wählen, etwa Reisen, Sport, Kochen oder gutes Essen. Danach fordern Sie wieder einen Kreis zum Drehen auf und »verordnen« einen neuen Gesprächsstoff. Es sollte nicht mehr als drei Durchgänge geben, sonst wird es langweilig.

Tierisches

Füllen Sie ein Körbchen mit kleinen, zusammengefalteten Zetteln, auf denen Sie Abdrücke von Tierstempeln oder selbst gemalte Tiere verewigt haben – dabei ist jedes Tier zweimal vorhanden. Alle Gäste, auch die Kinder, dürfen einen Zettel ziehen. Anschließend muss jeder seinen Tierpartner suchen, wodurch die Gesellschaft aufgelockert wird und man sich ein wenig kennen lernt.
Sobald sich ein Paar gefunden hat, wird es vom Spielleiter mit der Polaroid-Kamera abgelichtet. Die Fotos werden gemeinsam mit den Tierzetteln und guten Wünschen an das Brautpaar in ein Album eingeklebt. Dieses überreichen Sie dem Paar am Ende des Abends.

Gästebuch

Bereiten Sie Zettel mit den Namen prominenter Persönlichkeiten oder fiktiver Figuren aus Romanen oder Filmen vor, die in Beziehung zueinander stehen: z. B. Dick und Doof, Sophia Loren und Carlo Ponti, Cäsar und Kleopatra oder Winnetou und Old Shatterhand.

Zu Beginn des Abends muss jeder Gast einen Zettel ziehen und seinen Partner suchen. Die Paare werden dann nach und nach in einen Nebenraum gerufen und dort mit einer Polaroid-Kamera fotografiert. Diese Fotos kleben Sie in ein Album und lassen die Gäste unter ihrem Bild unterschreiben – sowohl mit dem Pseudonym als auch mit dem richtigen Namen. Anschließend bekommen die Brautleute das originelle Gästebuch überreicht.

Hochzeits-Puzzle

Lassen Sie ein schönes Foto des Brautpaares vergrößern (mindestens 1,5 mal 1,5 Meter), und ziehen Sie es auf eine Pappe oder dünnes Holz auf. Anschließend zerschneiden oder zersägen Sie es in halb so viele Teile, wie Gäste erwartet werden. Auf der Rückseite von jedem Teil notieren Sie eine Frage oder eine Aufgabe, die später beantwortet bzw. erfüllt werden muss. Zudem befestigen Sie dort doppelseitiges Klebeband. Damit alle Gäste sehen können, wie das Puzzle nach und nach wächst, präsentieren Sie es auf einer Staffelei. Hier steht bereits eine Holzrückwand für das Bild mit den aufgezeichneten Umrissen der Puzzleteile. Per Losentscheid bekommt nun jeder Gast einen Partner zugeteilt. Nacheinander werden die Pärchen aufgerufen. Wenn sie ihre Aufgabe gelöst haben, dürfen sie ihr Puzzleteil auf das Holzbrett kleben.

Reise nach Jerusalem

Wählen Sie 10 bis 14 Hochzeitsgäste aus, und stellen Sie Stühle in der Mitte der Tanzfläche auf. Die Zahl der Stühle sollte immer um eins niedriger sein als die der Mitspieler. Dann wird Musik gespielt, und die Gäste laufen um die Stühle. Sobald die Musik stoppt, nennt der Spielleiter einen Gegenstand: Schuh, Personalausweis, sauberer Teller, Trauring usw. Die Spieler müssen sich diesen Gegenstand von anderen Hochzeitsgästen besorgen und dürfen sich nur mit dem Gegenstand setzen. Wer zuletzt kommt und keinen Stuhl mehr hat, scheidet aus.

Achten Sie darauf, dass die Spieler nach jeder Runde die Gegenstände wieder zurückbringen.

Jeder, der ausscheidet, muss anschließend einen Zettel ziehen. Auf diesem ist für einen der folgenden Monate ein bestimmter Dienst notiert, den der Ausscheidende dem Brautpaar zu erweisen hat: beispielsweise im März einen Strauß Blumen überbringen, im August zum Picknick im Freien einladen und im Oktober einen langen Brief schreiben. Die Gutschriften sollten einerseits nicht zu aufwändig sein, andererseits aber dem Brautpaar wirklich Freude bereiten.

Fähnchenspiel

Sie bitten neun Gäste auf die Tanzfläche. Jeder von ihnen bekommt ein Fähnchen in die Hand gedrückt. Dann stellen Sie verschiedene Fragen, etwa: Wie viele der auf der Tanzfläche anwesenden Personen haben einen bestimmten Geldschein in der Tasche? Wie viele haben schon einmal auf Mallorca Urlaub gemacht? Die Fragen müssen durch Zahlen zu beantworten sein. Die Braut macht die Vorgabe und glaubt z. B., dass sieben Personen besagten Geldschein haben. Der Bräutigam muss mehr oder weniger sagen. Danach bitten Sie die Gäste auf der Tanzfläche, die Frage durch Hochhalten des Fähnchens zu beantworten. Wer von den beiden Brautleuten der korrekten Zahl am nächsten kommt, erhält einen Punkt.

Zum Ersten, zum Zweiten ...

Eine Versteigerung oder Verlosung ist eine weitere Möglichkeit, mit der Sie die Hochzeitsfeier Ihrer Freunde bunt gestalten können. Mehr als eine sollte es jedoch nicht sein, ansonsten verliert das Ganze seinen Reiz.

Angeln

Mit dem folgenden Spiel können Sie das junge Glück fördern und zudem für allseitige Belustigung sorgen; je nachdem, wie geschickt das Hochzeitspaar ist und wie gut sich die beiden verstehen. Verteilen Sie an jeden Hochzeitsgast ein kleines, aus Papier gefaltetes Boot, an dem ein kleines Eisenteil klebt, etwa ein kleiner Nagel. Die Gäste sollen auf ihren Booten notieren, was sie tun möchten, um das Glück des Hochzeitspaares zu fördern. Das kann z. B. eine Einladung zum Candlelight-Dinner oder ein Gutschein für zehnmal Schuheputzen sein. Danach werden die Papierboote mit den Angeboten und Namen der Gäste eingesammelt und zu Wasser gelassen: in einem Planschbecken mit Wasser, das Sie für alle gut sichtbar auf einen Tisch stellen. Die Braut bekommt eine Angel mit einem Magneten in die Hand gedrückt und die Augen verbunden. Unter den Anweisungen des Bräutigams soll sie nun aus dem Planschbecken in einer bestimmten Zeit möglichst viele Versprechungen angeln, welche die betreffenden Gäste natürlich auch halten müssen.

Überraschungs-Tombola

Dazu bedarf es der Begabung, dem anwesenden Publikum den Mund auf die tollen Preise so richtig wässrig zu machen. Der Witz dieser Tombola sind die kuriosen Preise, die zwar alle klangvolle Namen haben, sich dann allerdings als etwas gänzlich Unerwartetes herausstellen. Hierzu sollten Sie Ihre Fantasie, unter Umständen zusammen mit Freunden, mal so richtig auf Hochtouren bringen. Etwa wie folgt:

Die Traumreise für zwei Personen entpuppt sich als eine Schachtel mit zwei Schlaftabletten, der Staubsauger als Babyflaschensauger. Ein Musikinstrument präsentiert sich in Gestalt eines Kammes und eines Butterbrotpapiers, der zu gewinnende Fernseher als Kinderfeldstecher. Wer eine CD gewonnen hat, bekommt ein Stück Seife, die unter gleichem Namen vertrieben wird. Für eine angepriesene Stadtrundfahrt erhält der Gewinner ein Tagesticket der jeweils ortsansässigen Verkehrsbetriebe. Dem glücklichen Gewinner einer Obstschale winkt ein Stückchen Orangen- oder Zitronenschale, und wer gar eine Brosche mit echtem Stein per Los gezogen hat, sieht sich mit einem Kieselstein und daran festgeklebter Sicherheitsnadel konfrontiert. In diesem Stil können Sie sich dann noch viele weitere Preise ausdenken.

Wäscheklammer-Tombola

Befestigen Sie bei jedem Gast an der Tischkarte mit einer Wäscheklammer einen Zettel, auf dem eine Zahl notiert ist. Im Laufe des Abends lassen Sie die Braut aus einem großen Topf zwölf Zettel ziehen. Auch diese Zettel sind jeweils mit einer Zahl beschriftet. Derjenige Gast, dessen Zahl gezogenen wurde, muss in einem bestimmten Monat eine bestimmte Sache für das Brautpaar erledigen.

Versteigerungen

Diese haben meist den Sinn, die Kasse der Jungvermählten auf fröhliche Weise zu füllen. Der beste Zeitpunkt dafür ist gegen Mitternacht, wenn die Stimmung

bereits sehr ausgelassen ist und der Geldbeutel lockerer sitzt.
Gesteigert wird am besten auf die so genannte amerikanische Art: Dabei gibt jeder Geld dazu, und der letzte, der bietet, erhält den Zuschlag. Die zur Disposition stehenden Gegenstände können Sie beliebig auswählen, beispielsweise einen Blumentopf oder Kinokarten. Nicht fehlen sollten dabei auch Dinge, die der Braut oder dem Bräutigam gehören. Diese werden dann als kurioses Andenken an die Hochzeitsfeier – und hoffentlich entsprechend hoch – gehandelt. Als da wäre der Brautschuh, bei dessen Versteigerung der Bräutigam mitbieten sollte, um den Schuh für seine Braut wiederzubekommen.
Auch das Strumpfband der Braut ist ein hervorragendes Objekt zur Versteigerung. Da keiner die Katze im Sack kaufen möchte, sollte die Braut das zu ersteigernde Objekt zeigen – am Bein natür-

lich. Der Käufer darf sich das Band dann selbst holen. Selbstverständlich kann die Braut ihr Strumpfband auch selbst ausziehen und übergeben. Auf jeden Fall sollten Sie die Braut vorher fragen, ob sie damit einverstanden ist, und ein zweites Band als Ersatz bereithalten. Vom Bräutigam könnten Sie das Taschentuch, natürlich ungebraucht, oder die Fliege anbieten; auch hier muss dieser zuvor gefragt werden.

Auf dem Eheprüfstand

In den folgenden Spielen wird sich herausstellen, wie gut sich die frisch gebackenen Eheleute wirklich kennen – man darf gespannt sein …

Partner-Quiz

Als Erstes führen Sie die Braut aus dem Festraum und spielen ihr per Kopfhörer Musik vor, um sicherzustellen, dass sie nichts von dem mitbekommt, was im Saal gesprochen wird. Höflichkeitshalber sollte man sie nicht alleine sitzen lassen, sondern einen Gefährten mitschicken.
Im Festraum stellen Sie dann in Ihrer Eigenschaft als Quizmaster dem Bräutigam Fragen wie beispielsweise: »Was isst deine Frau am liebsten? Wohin würde sie gerne reisen? Welche Schuhgröße hat sie? Welchen Komponisten schätzt sie am meisten? Wie viele Handtaschen besitzt sie? Welche Zahnpastamarke verwendet sie?«
Die Liste können Sie noch weiter fortsetzen, allerdings sollten es nicht mehr als zehn Fragen sein, sonst wird es zu langatmig für alle Beteiligten.
Dann führen Sie die Braut herein und stellen ihr die gleichen Fragen. Sie muss nun sagen, was ihr Mann ihrer Ansicht nach »zu Protokoll gegeben« hat. Die Anzahl der Treffer notieren Sie. Anschließend kommt der Bräutigam an die Reihe, und der Braut werden ähnliche Fragen über ihn gestellt. Nun muss er seine Tipps abgeben, was seine frisch Angetraute geantwortet hat. Dann vergleichen Sie die Anzahl an richtigen Antworten – wer am meisten Treffer für sich verbuchen kann, hat gewonnen und kann sich vom Partner etwas wünschen; etwa einen Monat lang für den Frühstücksdienst zu sorgen oder Ähnliches.

Übereinstimmungsfragen

Auch bei diesem Spiel geht es darum, wie gut sich das Brautpaar kennt. Platzieren Sie die beiden, Rücken an Rücken, auf zwei Stühlen. Dann stellen Sie dem Paar 20 bis 30 Fragen aus dem gemeinsamen Alltag. Je lustiger und doppeldeutiger die Fragen, umso besser. Diese Fragen müssen so formuliert sein, dass sie mit »sie«, also die Braut, oder »er«, der Bräutigam, beantwortet werden können. Jeder der beiden erhält ein selbst gebasteltes Schild: Auf einer Seite steht »sie«, auf der anderen steht »er«. Das Brautpaar gibt seine Antworten durch das Zeigen einer Seite des Schildes bekannt, spricht jedoch nicht, denn keiner soll wissen, was der andere geantwortet hat. Ziel des Spiels ist es, so viele Übereinstimmungen wie möglich zu erreichen.

So könnten die Fragen lauten:

- Wer steht am Sonntag auf und macht das Frühstück?
- Wer ist verständnisvoller bzw. toleranter?
- Wer räumt nach dem Essen zuerst den Tisch ab?
- Wer würde bei Regen um Mitternacht noch den Hund ausführen?
- Wer würde nachts zuerst aufstehen, um sich um den schreienden Nachwuchs zu kümmern?
- Wer vergibt zuerst nach einem Streit?
- Wer kann besser verlieren?
- Wer unternahm den ersten Schritt beim Kennenlernen?
- Wer ist eifersüchtiger?
- Wer ist gesundheitsbewusster?
- Wer bleibt abends lieber zu Hause, um fernzusehen?
- Wer schnarcht öfter?
- Wer ist der Unternehmungslustigere?
- Wer schläft heute Nacht, in der Hochzeitsnacht, früher ein?
- Wer fährt besser Auto?
- Wer hat beim Autofahren einen rasanteren Fahrstil?
- Wer entscheidet sich schneller?
- Wer ist der Langschläfer?
- Wer bestimmt, was mit dem Geld passiert?
- Wer hatte, bevor sie sich kennen lernten, mehr Eroberungen?
- Wer ist pünktlicher?
- Wer wird die Schuhe putzen?
- Wer ist schöner?
- Wer wickelt den anderen besser um den Finger?
- Wer braucht länger im Bad?
- Wer regt sich leichter auf?
- Wer hat das letzte Wort?
- Wer ist romantischer und gefühlsbetonter?
- Wer ist ehrgeiziger?
- Wer küsst lieber?

Dann geht es an die Auswertung.
Für jede Übereinstimmung gibt es einen Punkt. Das Ergebnis:

1 bis 4 Von dieser Ehe sollte (zu spät!) abgeraten werden.

5 bis 8 Dem Paar ist ein seelsorgerisches Gespräch dringend nahe zu legen.

9 bis 12 Aller Anfang ist schwer, doch wir leben auf die Hoffnung hin.

13 bis 16 Deutsche Durchschnittsehe

17 bis 20 Gute Startbedingungen

Über 20 Das Paar darf bereits nächstes Jahr Goldene Hochzeit feiern, da es vor Harmonie nur so strotzt.

An des Mannes Beinen ...

Etwas intimer: Bei diesem Spiel muss die Braut ihren Gatten an den Beinen erkennen. Dazu lassen Sie acht Männer, inklusive Bräutigam versteht sich, mit hochgezogenen Hosenbeinen auf Stühle klettern. Die Braut muss zuvor aus dem Raum geführt werden. Dann bekommt sie die Augen fest verbunden und muss durch Tasten, Riechen – wie auch immer – die Beine ihres Angetrauten ausfindig machen.

Tast(be)funde

Hier muss der Bräutigam seine Braut aus einer Damenriege herausfinden. Dabei hat er allerdings folgende Handicaps: Er kann nichts sehen, da er eine Schwimm-

brille mit aufgeklebten Augen trägt, und nichts fühlen, da auf seine Finger Plastikröhrchen gesteckt wurden. Alternativ kann er auch dicke Fausthandschuhe tragen.
Während der Bräutigam außerhalb des Festsaals in dieser Weise »präpariert« wird, holen Sie aus der Gästeschar geeignete Damen, die Braut sowie einen Herrn! Diese stellen sich in Reih und Glied auf. Dann wird der Bräutigam hereingeführt, der sich sogleich auf die Suche nach seiner Liebsten begibt. Häufige Lacher, nicht nur wegen Fehldeutungen, sondern auch angesichts von Fehlgriffen, sind bei diesem Spiel garantiert.

Ehrenrunden

Tanzspiele sind zugegebenermaßen nicht jedermanns Sache. Besonders bei Tanzmuffeln ist damit kein Blumentopf zu gewinnen. Aber man muss ja nicht gleich die gute alte Polonaise bemühen, um gute Stimmung zu signalisieren. Pfiffigere Einlagen wie Zeitungs-, Ballon- oder Schneeballtanz bringen im wahrsten Sinne des Wortes Bewegung in das Fest und verlangen eher Geschicklichkeit und Humor als jahrelange Tanzerfahrung. Falls Sie einen Alleinunterhalter engagiert haben, kann dieser die Spiele moderieren und gleichzeitig für die Tanzmusik sorgen.

Je schneller die Musik, umso schwieriger wird es, den Luftballon zwischen den Stirnen zu halten. Viel Erfolg!

Ballontanz

Sie brauchen ebenso viele aufgeblasene Luftballons wie Paare am Tanz teilnehmen. Die Paare müssen versuchen, den Ballon beim Tanzen so zwischen ihre beiden Stirnen zu klemmen, dass er nicht herunterfällt. Wer den Ballon verliert, scheidet aus. Sieger ist, wer am längsten den Ballon halten konnte. Das Ganze kann urkomisch werden, wenn das Paar versucht, den Ballon durch die eigentümlichsten Verrenkungen am Fallen zu hindern.

Besentanz

Lassen Sie das Brautpaar zehn Paare aussuchen, die beim Besentanz mitmachen sollen. Der Besen muss, während die Kapelle eine schnelle Polka oder einen Walzer spielt, tanzend und immer flott an die nächsten Paare weitergegeben werden. Die Kapelle unterbricht dann an beliebiger Stelle die Musik. Das Paar, das in diesem Moment den Besen in der Hand hält, muss ausscheiden.

Besorgen Sie für den Besentanz einen größeren als die üblichen Luftballons; das macht die Aktion auf den Stühlen etwas einfacher. Solche Ballons erhalten Sie im Spielwarenfachhandel oder in gut sortierten Kaufhäusern.

Und jetzt das eigentlich Spaßige: Das ausgeschiedene Paar muss sich Bauch an Bauch auf zwei bereitgestellte Stühle stellen. Der Spielleiter klemmt den beiden einen Luftballon zwischen die Bäuche. Diese müssen nun versuchen, den Luftballon ohne Hilfe der Hände zum Platzen zu bringen – Lacher sind garantiert. Sobald der Ballon zerplatzt ist, gehen die Musik und der Besentanz weiter, bis schließlich nur noch ein Paar als Sieger auf der Tanzfläche steht.

Schneeballtanz

Damit können Sie nach dem obligaten Hochzeitswalzer des Brautpaares die Gäste auf das Parkett holen: Ein Paar beginnt und tanzt, bis die Musik stoppt. Sie und er gehen nun zu den Tischen und holen sich jeweils einen neuen Tanzpartner. Die beiden Paare tanzen wieder, bis die Musik erneut stoppt, woraufhin sich die Tänzer einen neuen Partner suchen. Auf diese Weise verdoppelt sich die Zahl der Tanzenden in jeder Runde, bis schließlich alle – oder fast alle – auf den Beinen sind.

Schuhtanz

Alle Frauen ziehen einen Schuh aus und legen diesen in der Mitte der Tanzfläche auf einen Haufen. Die Männer nehmen dann einen beliebigen Schuh, suchen die Frau, der er gehört, und gehen mit ihr zur Tanzfläche. Wenn alle Schuhe wieder zu ihrer Besitzerin zurückgefunden haben, beginnt der Tanz.

Unterhosentanz

Jedes Tanzpaar erhält je eine lange, große Männerunterhose, die einer der beiden Partner anzieht. Die Musik setzt ein, und es wird getanzt. Sobald die Musik stoppt, muss die Unterhose schnellstmöglich ausgezogen und dem Partner wieder angezogen werden. Das langsamste Paar scheidet aus, und die Musik fängt wieder an. Das wird so lange wiederholt, bis ein Pärchen übrig bleibt.

Zeitungstanz

Dieser Tanz fördert die Gelenkigkeit und trainiert die Lachmuskeln der Zuschauer. Jedes Paar, das bei diesem Tanzspiel mitmacht, erhält eine Doppelseite einer Zeitung und darf nur auf dieser Unterlage tanzen. Nach einer Weile stoppt die Musik, und die Zeitung wird einmal in der Mitte zusammengefaltet. So wird die Tanzfläche, die den Paaren zur Verfügung steht, nach und nach immer kleiner. Jedes Paar, das danebentritt, scheidet aus. Besonders in den letzten Durchgängen sind gymnastische Fähigkeiten gefragt, wenn man sich auf der Zeitung halten und dabei noch eine einigermaßen gute tänzerische Figur machen möchte.

Vorhang auf

Diverse Darbietungen, vorgeführt von Freunden und Verwandten des Brautpaares, gehören für viele ebenso zur Hochzeitsfeier wie die große Hochzeitstorte und der Hochzeitswalzer. Zumal man mit einem einstudierten Theaterstück, einem Sketch oder einer Pantomime den Hochzeitern auf kreative und individuelle Weise seine Sympathie zeigen kann – ein schönes und nicht alltägliches Präsent. Allerdings sollten Sie sich, um ein zu einseitiges Programm zu vermeiden, mit den anderen Gästen im Vorfeld absprechen, wer etwas auf der Feier zum Besten geben möchte und was. Zu viele Showeinlagen sind nicht zu empfehlen. Schließlich soll nicht eine Vorführung die nächste ablösen und den Gästen die Gelegenheit nehmen, zu tanzen und mit Freunden, Bekannten und Verwandten ins Gespräch zu kommen.
Generell gilt, dass Sie sich kurz fassen sollten. Auch bei Darbietungen liegt die Würze in der Kürze. Halbstündige Sketche langweilen eher als dass sie unterhalten. Auch ist es nicht eben stimmungshebend, wenn die Gäste während einer Film- oder Diavorführung zu lange im Dunkeln sitzen und sich zu ihrem Glas tasten müssen.

Filmpremiere

Zigfach exerziert und leider entsprechend »abgenutzt« sind Diavorführungen, bei denen Momentaufnahmen der Brautleute von den Babytagen bis zum heutigen Tag gezeigt werden. Wesentlich unterhaltsamer und interessanter ist ein Videofilm über Orte, die im Leben des Brautpaares eine besondere Rolle gespielt haben. Beispielsweise die Schulen, in denen beide die Bank gedrückt haben, die Universität oder ein anderer Ausbildungsplatz, die erste (gemeinsame?) Wohnung und vieles mehr. Berücksichtigen Sie jedoch, dass der Film nicht länger als 10 bis 15 Minuten dauern sollte.
Ihnen fallen sicher spontan viele interessante Drehplätze ein. Wenn Sie nicht zu den passionierten Hobbyfilmern zählen,

hören Sie sich doch mal im Bekanntenkreis um, ob nicht ein solcher darunter ist. Dieser kann Ihnen bestimmt ein paar gute Ratschläge erteilen. Vielleicht erklärt er sich auch bereit, bei den Dreharbeiten mitzuhelfen und seine Kamera zur Verfügung zu stellen. Versuchen Sie, für den Film auch Leute zu finden, die an den »Originalschauplätzen« Anekdoten über die Braut oder den Bräutigam zum Besten geben.
Am Hochzeitstag werden der Film und dessen Hauptdarsteller dann »hollywoodreif« mit unterhaltsamen Kommentaren und passender Musik präsentiert.

Theater und Sketche

Entweder studieren Sie bereits vorhandene Sketche oder sonstige kurze Bühnenstücke ein (fragen Sie in Buchhandlungen und Bibliotheken nach entsprechender Literatur!), oder Sie greifen selbst zur Feder. Sie können auch einzelne Szenen aus bekannten Bühnenklassikern individuell auf das Brautpaar umschreiben.
Sehr beliebt – nicht nur bei den kleinen Gästen – sind Puppenspiele, wobei es mehr auf Originalität als auf eine besondere Kunstfertigkeit ankommt. Bühne und Puppen aus einfachsten Materialien erzielen oft die größte Wirkung.

Talentschuppen

So manch ein Talent bleibt unentdeckt, weil es nie die Gelegenheit hatte, sein Können zum Besten zu geben. Das wird sich vielleicht auf der nächsten Hochzeitsfeier ändern? Beispielsweise das weite Feld des Tanzens: Ob Flamenco-, Stepp-, Ballett- oder Bauchtanz, viele Amateure können auf ihrem Gebiet Beachtliches vorweisen. Andere wiederum beherrschen verblüffende Zaubertricks, verfügen über artistische Fähigkeiten oder können besonders gut Tierstimmen, Dialekte oder Prominente nachahmen. Erkundigen Sie sich im Bekanntenkreis der Brautleute nach solchen Talenten. Wenn sich niemand aus den eigenen Reihen auftreiben lässt, kann man auch einen Entertainer, Clown, Feuerschlucker etc. für die Feier engagieren. Der Künstlerdienst in Ihrer Stadt gibt Auskunft, wer so etwas macht und welche Gagen üblich sind.

Die perfekte Rede

Zu einer Hochzeitsfeier gehören selbstverständlich auch Reden. Doch nicht jeder ist dazu berufen, aus dem Stegreif eine gekonnte Ansprache zu halten. So manche Rede gerät weniger zur Erbauung der Zuhörer als vielmehr zur Tortur, wenn der Redner nicht auf den Punkt und – schlimmer noch – nicht zum Schluss kommt.
Wer es nicht gewohnt ist, vor einem größeren Publikum zu sprechen, sollte sich gut vorbereiten und die wichtigsten Regeln kennen. Wann beispielsweise steht man auf und bittet mit Gabelklingeln am Glas um die Aufmerksamkeit der Gäste? Und wer redet bei Hochzeitsfeiern wann? Dürfen die Freunde des Brautpaares vor den Eltern das Wort ergreifen, oder wird das heute nicht mehr so eng gesehen? Antworten auf diese und andere Fragen finden Sie in den folgenden Ausführungen.

Gewusst wie

Der geeignete Zeitpunkt für eine Rede ist, wenn alle Gäste am Tisch sitzen: doch nicht sofort, nachdem diese Platz genommen haben, sondern erst, wenn ein wenig Ruhe eingekehrt ist, jeder seinen Stuhl zurechtgerückt und den ersten Schluck genommen hat. Da auf einer Hochzeit meist mehrere Redner einige Worte an das Brautpaar richten möchten, ist es am besten, die einzelnen Ansprachen zwischen den Gängen des Menüs einzustreuen. Wenn die Rednerliste nicht zu lang ist, sollte die erste Rede nicht vor dem ersten Gang, sondern zwischen diesem und dem zweiten Gang gehalten werden.
Was die Reihenfolge angeht, haben sich die Vorschriften im Laufe der Zeit gelockert. Dennoch ist es nicht verkehrt, wenn Sie die traditionelle Abfolge kennen und sich – moderne Zeiten hin oder her – daran halten. Gerade bei Hochzeiten weiß man alte Gepflogenheiten noch zu schätzen.

Sollte ein Geistlicher unter den Gästen zugegen sein, spricht er in der Regel als Erster: ein kurzes Gebet vor dem Essen und Segenswünsche an die Frischvermählten.

Dann erhebt traditionell der Brautvater seine Stimme und heißt den Schwiegersohn sowie dessen Eltern und Geschwister im Kreis der Brautfamilie willkommen. Zugleich »verabschiedet« er seine Tochter mit Erinnerungen an deren Kindheit und Jugend und endet mit allen guten Wünschen für das gemeinsame Eheleben.
Die nächste Rede, nach dem zweiten Menügang, hält dann der Vater des Bräutigams. Auch er begrüßt üblicherweise die Braut in seiner Familie und gibt einige Anekdoten seines Sohnes zum Besten. Statt den Vätern können sich heute selbstverständlich auch die Mütter zu Wort melden. Schön ist es auch, wenn die Eltern gemeinsam aufstehen und im Dialog zu den Gästen reden.

Nach den Eltern und eventuell den Geschwistern ist die »Bühne« für redelustige Freunde und Bekannte des Brautpaares freigegeben. Vor den Ansprachen der engsten Verwandten sollten sie keine Rede halten; das widerspricht auch heute einfach der Etikette.
Ist der Redefluss abgeebbt, erhebt sich der Bräutigam und hält seinerseits noch eine kurze Ansprache. Zumindest sollte er seinen Dank an die Redner und die Gäste aussprechen und allen weiterhin einen schönen Tag/Abend wünschen. Auch diesen Part muss der Bräutigam nicht alleine übernehmen, sondern kann die Gäste gemeinsam mit seiner Frau willkommen heißen.

Leitfaden zum Verfassen von Reden

Wer das kleine Einmaleins der Rhetorik beherrscht, wird seine Rede mit größerer Sicherheit vortragen können.
Das Wichtigste zuallererst Ihre Rede sollte nie länger als vier Minuten dauern. Um diese nicht zu überschreiten, tragen Sie die Ansprache vorher laut vor – das sollten Sie zum Üben ohnehin tun – und stoppen die Zeit mit der Uhr.
Keine leeren Floskeln Versuchen Sie immer konkret zu werden, und vermeiden Sie Allgemeinplätze.
Direkte Ansprache Sprechen Sie nie über Anwesende, sondern mit ihnen. Formulierungen wie z. B.: »Otto hatte schon immer eine Schwäche für ...« sind tabu, gut hingegen ist: »Du, Otto, hattest ja schon immer eine Schwäche für ...«.
Persönliche Beziehung Suchen Sie stets das Persönliche, nie das Sachliche. Arbeiten Sie dazu Ihr ureigenes Verhältnis zur Braut, zum Bräutigam oder aber zu beiden heraus. Vermeiden Sie auch zu viel Lob, denn das wirkt unecht und anbiedernd. Sprechen Sie daher ruhig auch Fehler und Schwächen an.
Anlassbezogen Betonen Sie in Ihrer Hochzeitsrede »innere Werte«, und kommen Sie möglichst bald auf den Kern der Sache. Das ist in diesem Fall die innige Verbindung zweier Menschen, die den weiteren Lebensweg gemeinsam gehen möchten. Entsprechend sind Glück, Zusammengehörigkeitsgefühl, Harmonie und Gesundheit wichtiger als materieller Erfolg.
Kontakt suchen Sprechen Sie lebendig und emotional, durch Gestik unterstützt, und suchen Sie immer wieder den Blickkontakt zu den Zuhörern. Wenn Sie permanent zu Boden blicken oder Ihren Blick in die Weite über die Köpfe des Publikums hinweg schweifen lassen, verlieren Sie dessen Aufmerksamkeit.
Freie Rede Vermeiden Sie in jedem Fall, Ihre Rede vom Blatt abzulesen. Das nimmt jegliche persönliche Note und wirkt wie das Ablesen der Nachrichten vom Tage. Wenn Sie angesichts von Lampenfieber Befürchtungen hegen, den Faden zu verlieren, können Sie einen Spickzettel in der Hand halten oder vor sich legen, auf dem die einzelnen Punkte Ihrer Ansprache kurz notiert sind. Greifen Sie aber nur im Notfall auf die Gedächtnisstütze zurück.
Gut informiert Rufen Sie sich vor dem Verfassen Ihrer Rede die persönlichen Eckdaten von Braut oder Bräutigam ins

Mit einer direkten Ansprache gewinnt man die Aufmerksamkeit der Zuhörer.

Gedächtnis – auch dann, wenn Sie nicht alle Details einbauen werden. Machen Sie sich dazu vorab eine Liste der wichtigsten Gesichtspunkte. Was sind die herausragenden Charaktereigenschaften, Leistungen usw. der Person(en), an die Sie die Rede richten?

Lobrede Wenn Sie eine Laudatio halten, sollten Sie versuchen, die lobenswerten Eigenschaften in eine Geschichte zu kleiden. Schildern Sie ein Ereignis, anhand dessen Sie Charaktereigenschaften hervorheben können. Schließen Sie die Rede mit einem traditionellen Toast.

Anrede Vermeiden Sie lange Anreden. Statt: »Liebe Freunde, Verwandte, Bekannte, meine sehr geehrten Damen und Herren ...« sollten Sie lieber alle Anwesenden in eine gemeinsame Anrede fassen, wie beispielsweise »Liebe Freunde« oder »Liebe Gäste«.

Eröffnungsrede Sie sollte möglichst mit einer persönlichen Stellungnahme eingeleitet werden, wie etwa: »Ich freue mich, dass ihr alle heute zu diesem Fest gekommen seid.«

Begrüßungsrede Zuerst werden besonders wichtige Gäste sowie jene Personen begrüßt, deren Kommen mit besonderen Schwierigkeiten verbunden war, wie es etwa bei einer weiten Anreise der Fall ist. Ganz zum Schluss wird, um niemanden zu vergessen, die Allgemeinheit gegrüßt. Bei größeren Hochzeitsgesellschaften, wo man einander weniger kennt, ist es durchaus angebracht, die Stellung oder Funktion der begrüßten Personen näher zu erläutern. Holen Sie aber nicht zu weit aus, zu viele Details kann sich niemand merken.

Der etwas andere Hochzeitstoast

Weniger feierlich, dafür aber umso amüsanter ist folgende Lobrede: Dabei wird ein vorgefertigter Text, der einige Lücken enthält, durch Zurufe von Adjektiven von den anwesenden Gästen ergänzt. Die Adjektive werden der Reihe nach auf einem separaten Blatt Papier notiert. Der Clou ist, dass dies geschieht, bevor die Laudatio laut vorgetragen wird, und natürlich niemand weiß, an welcher Stelle das genannte Adjektiv platziert wird. Je extremer und ausgefallener die Eigenschaftsworte sind, desto witziger wird die Rede. Nachfolgend ein Vorschlag für einen solchen Lückentext, den Sie beliebig abwandeln können:

»Du … Brautpaar, ihr … Schwiegereltern und ihr … Eltern! Verehrte … Trauzeugen, … Freunde und werte … Verwandtschaft! Ich bin … erfreut, diese … Rede an alle … Gäste richten zu dürfen, und grüße die … Gesellschaft an diesem … Tage zur … Feier der … Hochzeit von unserer … X (Name der Braut) und unserem … Y (Name des Bräutigams)! Ihr ganzes … Leben haben sich diese beiden … Menschen auf dieses … Ereignis gefreut und sich durch lange … gemeinsame Jahre auf die … Ehe vorbereitet. Dabei standen sie unter … Beobachtung der gesamten … Familie, die mit … Tipps und … Bemerkungen nie … oder sparsam umging. Möge der … Kontakt zu den … Verwandten trotz der … Entfernungen nie abbrechen. Unsere … Brautleute haben beide schon vorher … Beziehungen gehabt, in denen sie … Erfahrungen sammeln und neue … Spielarten der Liebe kennen lernen konnten. Nun haben sie sich … entschlossen, ihr … Leben in Zukunft gemeinsam zu verbringen. Wir … Gäste wünschen ihnen dazu von Herzen alles … Gute. Ihr … Leben sei gekennzeichnet durch … Verständnis, … Achtung und … Liebe! Mögen sie … Stunden in ihrem … Heim verbringen, in … Zweisamkeit die … Wonnen des … Ehelebens genießen und sich im … Alltagsstress immer … Kraft und … Halt geben. Wir wünschen ihnen, dass sich der … Nachwuchs bald einstellen wird und dass ihr … Leben dadurch noch … wird. Mögen sie sich im … Alter immer eine … Stütze sein und ihre … Kinder und … Enkel … gedeihen. Verehrtes … Brautpaar, ihr … Eltern und ihr … Gäste, macht euch nun bei … Getränken und … Speisen einen … Abend. Lasst uns jetzt die … Gläser erheben und auf das … Brautpaar anstoßen!«

Die Brautentführung

Die Brautentführung ist zweifelsohne ein Hochzeitsbrauch, der sich nach wie vor größter Beliebtheit erfreut. Traditionell sind es die Freunde des Bräutigams, die dessen frisch Angetraute verschleppen. Selbstverständlich können es auch Freunde der Braut sein oder jeder andere Hochzeitsgast.
Volkskundler vermuten, dass die Brautentführung auf die alte Sitte der so genannten Raubehe zurückgeht. Eine Gepflogenheit, die vielleicht aus der Not heraus entstand:
Möglicherweise gab es zu wenig Frauen im fortpflanzungsfähigen Alter, wodurch der Erhalt eines Stammes oder einer Volksgruppe gefährdet war. Das bekannteste Beispiel ist der Raub der Sabinerinnen. Der Legende nach stibitzten die Römer den Sabinern Hunderte ihrer Frauen und glichen so ihren Frauenmangel aus.

Die Inszenierung

In unserem Fall müssen nicht Hunderte, sondern nur eine Frau entführt werden, und zwar am besten in einem unachtsamen Moment des Bräutigams. Und derer gibt es inmitten des Trubels der Feierlichkeiten ja so einige. Nicht, dass der frisch gebackene Ehemann kein Interesse an seiner Frau hätte, nein, als Gastgeber hat

er einfach so viele Verpflichtungen.
Nach erfolgreichem Raub wird die Braut zum Auto gebracht. Dieses sollte bereits am Hinterausgang des Lokals, in dem gefeiert wird, mit laufendem Motor warten, damit schnell das erste Versteck angesteuert werden kann und der Bräutigam nicht nur hinterherfahren muss.

Der Bräutigam hat traditionell die Zeche, welche die Entführer offen lassen, zu begleichen. Um seine Frau auszulösen, muss er ihren Brautstrauß vorzeigen – sonst könnte ja jeder kommen …

Die Orte, an die Sie die Braut entführen, sollten gastlich sein und die Beteiligten nicht auf dem Trockenen sitzen lassen. Das spricht für Lokale und Kneipen, welche dem Bräutigam aber in jedem Fall bekannt sein müssen. Statt Lokalen ist auch die Wohnung eines Freundes oder eine schöne Scheune, in der die Braut und ihre Entführer bewirtet werden, recht orginell. Allerdings sollte der Bräutigam eine reelle Chance haben, fündig zu werden.
Bei manchen Hochzeitsfeiern macht man es dem Suchenden schwer, indem man Lokalitäten als Verstecke wählt, die dieser nicht kennt. Allerdings zum eigenen Schaden, denn weder Braut noch Gäste haben Lust, den Abend wartend zu verbringen.
Selbstverständlich können Sie während der Entführung das Lokal auch einmal wechseln, jedoch nicht öfter, denn sonst wird die ganze Aktion zu aufwändig und schwierig. Deshalb ist es auch üblich, dass der Bräutigam durch kleine Hinweise von Eingeweihten auf die richtige Fährte gelockt wird. Vielerorts, z. B. in einer Großstadt, gibt es einfach zu viele Möglichkeiten, sprich Kneipen, die er und seine Frau kennen, und die Suche würde unter Umständen den ganzen Abend beanspruchen. Schon so manche Hochzeit wurde durch die Brautentführung zu einem wirklich »unvergesslichen Tag«, allerdings im negativen Sinne.
Generell sollte die Suche nicht länger als

eine Stunde dauern. Tappt der Bräutigam vollkommen im Dunkeln, greifen ihm seine Berater unter die Arme, um das Ganze zu beschleunigen.
Der Zeitpunkt des Brautraubs will gut gewählt sein: Tabu ist die Entführung während des Hochzeitsessens, vor dem Brauttanz sowie während der Ansprachen. Vor dem Beginn der abendlichen Feier ist die Gelegenheit günstig. Auch nach dem Kaffetrinken tut ein bisschen Bewegung sicherlich ganz gut …
Tabu sollte die Brautentführung aber vor allem sein, wenn die Gefahr besteht, dass Entführer oder Bräutigam im alkoholisierten Zustand mit dem Auto unterwegs sein müssten.

Alternativprogramm

Es sind auch Varianten des oben beschriebenen Brautraubs denkbar, z. B. mit vertauschten Rollen. Oder Sie veranstalten die Entführung im Festsaal, indem die Braut im verdunkelten Raum versteckt wird.

Ein Ständchen für das Paar

Musik darf bei einer Hochzeitsfeier natürlich nicht fehlen: sei es bei der kirchlichen Trauung, wenn zum Tanz aufgespielt wird, als Programmeinlage oder als dezente Hintergrundmusik.
Wenn Sie musikalisch begabt sind, können Sie allein oder zusammen mit anderen ein Chor- oder Instrumentalwerk einstudieren. Oder Sie bieten dem Brautpaar an, sich um die musikalische Ausgestaltung des Abends zu kümmern und dafür zu sorgen, dass jeder Moment des Tages mit der entsprechenden Musik untermalt wird. Auf den folgenden Seiten finden Sie hierzu einige Informationen und Anregungen.

Musik in Standesamt und Kirche

Viele Standesämter verfügen inzwischen über diverse Musikinstrumente oder einen CD-Player. Erkundigen Sie sich bei dem Amt, in dem sich Ihre Freunde das Jawort geben, welche Möglichkeiten hier bestehen und ob Sie bei Bedarf einen eigenen CD-Player mitbringen und Musik Ihrer Wahl abspielen dürfen.
In der Kirche haben Sie natürlich wesentlich mehr Möglichkeiten. An erster Stelle steht die Orgel. Sie spielt zum Ein- und Auszug der Brautleute und begleitet den Gemeindegesang. Darüber hinaus können Sie zwischen Chormusik und solistischem Gesang wählen. Aber auch jedes andere Instrument ist für die musikalische Gestaltung der Trauung geeignet.

Als Nächstes muss die Stilrichtung festgelegt werden. Hier ist vor allem entscheidend, welche Musik dem Brautpaar gefällt. Sind die beiden Klassikliebhaber oder bevorzugen sie fetzige Gospelsongs oder Synthesizer-Klänge? Bei der Musikauswahl kann man sich auch von der Architektur der Kirche leiten lassen.

Stimmen Sie sich hinsichtlich der musikalischen Untermalung der Hochzeitsfeierlichkeiten immer mit dem Brautpaar ab – nicht dass geschmackliche Eigenheiten für unangenehme Überraschungen sorgen, weil dieser Musikstil als ganz und gar unpassend empfunden wird.

Wenn Sie sich für ein Instrumentalensemble, solistischen Gesang oder Chormusik entschieden haben, können Sie sich beim Organisten, bei Musiklehrern der örtlichen Schule oder bei der nächstgelegenen Musikhochschule erkundigen. Dort kann man Ihnen bestimmt einige Musiker empfehlen.

Bevor Sie einen Künstler engagieren, sollten Sie auch mit dem Geistlichen über Ihre Musikwünsche sprechen. Heute werden in vielen Kirchen auch nichtkirchliche Lieder toleriert, sodass Sie sich nicht zu scheuen brauchen, falls Sie Musikwünsche in dieser Richtung haben. Auch Musik von Tonträgern wie beispielsweise vom CD-Player ist denkbar. Dazu sollten Sie allerdings unbedingt zuvor die Akustik in einer Generalprobe austesten. Denn durch die hohen Räume einer Kirche kann der Nachhall unter Umständen so groß sein, dass ein schnelles Musikstück nur noch »verschwommen« wahrgenommen wird.

Katholischer Traugottesdienst

Der katholische Traugottesdienst ist folgendermaßen aufgebaut (* = mit Gesang bzw. Instrumentalmusik):

Eröffnung Einzug* – Begrüßung – Kyrie und Gloria* – Tagesgebet

Wortgottesdienst mit Trauung 1. Lesung – Antwortpsalm* – 2. Lesung – Halleluja* – Evangelium – Predigt – Fragen an das Brautpaar – Segnung der Ringe – Vermählung mit Bestätigung – Brautsegen – Traulied* – Fürbitten

Eucharistiefeier Gabenbereitung* – Eucharistisches Hochgebet mit Sanktus* – Vaterunser – Friedensgruß – Brotbrechung mit Agnus Dei* – Kommunion* – stilles Gebet und Dankgesang* – Schlussgebet

Zum Abschluss Meldungen – Segen und Entlassungsruf – Auszug*

Evangelischer Traugottesdienst

Der Ablauf einer evangelischen Trauung:

Eröffnung Gruß (und Einleitung) – Lied* – Eingangsvotum – Eingangs- oder Psalmgebet – Lied*

Verkündigung, Bekenntnis, Segnung
Schriftlesungen – Lied* – Trautext und Predigt – Lied* – Schriftworte zur Ehe – Traubekenntnis und Ringwechsel – Segnung – Lied*

(Abendmahl)

Sendung Fürbitten – Vaterunser – Segen – Lied* – Auszug*

Klassiker im Traugottesdienst

Zum Einzug

- Hochzeitsmarsch aus »Ein Sommernachtstraum« von Felix Mendelssohn Bartholdy
- Sinfonia aus dem dritten Akt (»Ankunft der Königin von Saba«) des Oratoriums »Salomon« von Georg Friedrich Händel
- Kanon in D-Dur von Johann Pachelbel

Nach dem Ringwechsel

- Domine Deus aus »Gloria« von Antonio Vivaldi
- Ave Maria von Charles Gounod

Zum Auszug

- Präludium in F-Dur von Johann Sebastian Bach

»Neue Klassiker«

- Oh Happy Day – Gospel
- I Will Follow Him – Gospel
- Amazing Grace – Spiritual
- One Moment In Time – von W. Houston

Der Sound für die Feier

Auch beim Sektempfang nach dem Standesamt sollten Sie nicht versäumen, die Stimmung mit Musik anzuheben. Das Gleiche gilt für den Aperitif, der vor dem abendlichen Hochzeitsmenü, vielfach im Stehen, genommen wird. Wählen Sie allerdings eher dezentere Klänge, nicht dass sich die Gäste nur noch mit Schwierigkeiten unterhalten können. So richtig »fetzen« kann es dann später, wenn zum Tanz aufgespielt wird.

Die Stilrichtung sollte selbstverständlich dem Geschmack der Brautleute und der Gäste angepasst sein. Vermeiden Sie Extreme, und achten Sie darauf, dass alle Altersgruppen auf ihre Kosten kommen. Bei der Zusammenstellung des abendlichen Musikprogramms kommt es auf den Rahmen an, in dem die Hochzeit stattfindet. Von Volksmusik über Jazz-Club-Atmosphäre bis hin zu Pop-Klassikern ist alles möglich, es sollte nur zum Stil des Festes passen. Das ist natürlich kein Muss, aber es mutet doch etwas eigentümlich an, wenn die Gäste bei einer Hochzeit in zünftig ländlichem Ambiente und trachtiger Gewandung zur Stimme von Elton John tafeln.

Sie können auch Freunde oder Geschwister mit einer umfangreichen CD-Sammlung fragen, ob sie nicht einen schönen »Empfangsmix« für den Sektumtrunk und den Aperitif zu Verfügung stellen können.

Einerlei, für welche Musik Sie sich entscheiden, das musikalische Programm und dessen Ausführung sollten Sie in professionelle Hände geben, damit es ein wirklich gelungenes Fest wird.

Ob eine Band aufspielt oder ein Discjockey für Unterhaltung sorgt, hängt in erster Linie von dem Budget und dem Stil der Hochzeitsfeier ab. Sie können z. B. eine Pianistin engagieren, die das Enter-

tainment bis 22 oder 23 Uhr übernimmt und für stimmungsvolle Hintergrundmusik beim Essen sorgt.
Danach kommt die Musik »aus der Steckdose«, präsentiert von einem professionellen DJ. Dieser verfügt über das gesamte Repertoire vom Brautwalzer über alte und neuere Schlager bis zu den aktuellen Tophits und legt verschiedene Musikrichtungen je nach Publikumsgeschmack auf.

Wo spielt die Musik?

Um einen guten Profi zu finden, empfiehlt es sich, beim Künstlerdienst des Landesarbeitsamtes anzufragen. Dieses befindet sich in der jeweiligen Landeshauptstadt und kann Ihnen mit Adressen von Künstlern und Richtwerten für Gagen weiterhelfen.
Auch über das Branchenbuch oder professionelle Hochzeitsveranstalter können Sie Musiker finden (→ Seite 156).
Bitten Sie die Künstler jedoch vor dem Engagement um ein Demoband. Wenn demnächst ein öffentliches Konzert der betreffenden Musiker ansteht, sollten Sie sich auch live einen Eindruck verschaffen. Beim Discjockey sollten Sie auf eine angenehme Stimme achten und nachfragen, wie er Hochzeiten generell moderiert und gestaltet. Heizt er die Tanzlaune an, animiert er zu Spielen oder hält er sich eher dezent im Hintergrund? Zieht er jede Hochzeit nach dem Nullachtfünfzehn-Schema auf, oder geht er individuell auf das jeweilige Publikum ein?
Was Sie ebenfalls im Vorfeld abklären müssen, ist die Frage, ob zusätzliche Kosten anfallen. Dazu können beispielsweise GEMA-Gebühren (GEMA = Gesellschaft für musikalische Aufführungs- und mechanische Vervielfältigungsrechte) oder Anfahrts- und Übernachtungskosten für den oder die Musiker bzw. den DJ gehören. So vermeiden Sie spätere Unannehmlichkeiten und unerwartet hohe Rechnungen.

Die musikalische Stilrichtung muss nicht den ganzen Abend die gleiche sein. Nehmen Sie ruhig zum Essen etwas Sanfteres und später zum Tanzen und Spielen rockigere und poppigere Klänge.

Sprechen Sie auch vorher ab, ob eventuell Zeitüberschreitungen möglich sind und was dann an Zusatzkosten auf Sie zukommt. Alle Details der Vereinbarung sollten unbedingt in einem schriftlichen Vertrag festgehalten werden, damit Sie am Tag der Hochzeit nicht plötzlich musikalisch auf dem Trockenen sitzen.

Hochzeitsgeschenke

Selten bekommt man so viele Geschenke überreicht wie zu seiner Hochzeit. Allerdings geraten diese Präsente nicht immer zur reinen Freude für die Brautleute. Nicht nur, dass diese nicht selten unter gequältem Lächeln ein und denselben Toaster oder Dampfdrucktopf in dreifacher Ausführung auspacken. Unter den vielen Geschenken findet sich auch so manches, was so ganz und gar nicht den geschmacklichen Vorstellungen entspricht und entsprechend ungern in den neuen Hausstand aufgenommen wird. Derartige Situationen, die sowohl für die Beschenkten wie auch für den Schenker unangenehm und peinlich sind, lassen sich jedoch vermeiden. Welche Möglichkeiten Sie dazu haben, lesen Sie in diesem Kapitel.

Ein Fundus an Geschenkideen

Ein gewisses Quantum an Kreativität und Fantasie ist nötig, um Geschenke zu machen, die wirklich Freude bereiten und auch optisch ansprechend sind. Schließlich werden die Geschenke zumeist auf einem Tisch präsentiert und erst später ausgepackt. Entsprechend finden Sie im Folgenden nicht nur Anregungen zum Geschenk an sich, sondern auch und vor allem Ideen zur Verpackung. Besonders bei Geldgeschenken sollte diese möglichst originell sein.
Von einem wundervollen Geschenk, nämlich die Organisation der Hochzeit zu übernehmen, war bereits im vierten Kapitel die Rede.

Eine weitere Idee ist die alte Tradition der »Zahlhochzeit«, bei der die Gäste gebeten werden, sich finanziell an der Hochzeit zu beteiligen. Dazu wird ein bestimmter Betrag genannt oder jeder Gast um einen freiwilligen Beitrag gebeten.
Weitere Geschenkideen wie z. B. die Wunschliste oder der Geschenktisch werden nun im Einzelnen ausführlich beschrieben.

Die Wunschliste

Mit ein wenig organisatorischem Geschick können Sie dafür Sorge tragen, dass Ihre Hochzeiter nur solche Geschenke bekommen, die sie tatsächlich brauchen können.
Um dem doppelten Eierkocher und der Ersatzkaffeemaschine zu entkommen, gibt es mehrere Wege. Am besten, Sie organisieren eine Geschenkeliste für das Brautpaar, die bereits mit der Einladung verteilt wird. So erleichtern Sie den Gästen die Auswahl und vermeiden unerfreuliche Überraschungen.
Der Vorteil einer Liste ist zudem, dass auch auswärtige Gäste über die Geschenkwünsche informiert sind und man nicht an das Sortiment eines Geschäftes gebunden ist, wie das bei Geschenktischen üblich ist (→ Seite 112). Von Nachteil ist, dass nur die geladenen Personen Zugang dazu haben.
Schreiben Sie gemeinsam mit den Brautleuten alles auf, was diese sich schon immer gewünscht, aber bisher noch nicht angeschafft haben. Neben der möglichst genauen Beschreibung des gewünschten Gegenstandes sollten Sie auch versuchen, wenigstens ungefähre Preisangaben zu machen. So wissen die Schenkenden gleich, ob das ausgewählte Geschenk auch ihren preislichen Vorstellungen entspricht.
Achten Sie bei der Zusammenstellung der Liste darauf, dass möglichst viele Preislagen vertreten sind: Führen Sie sowohl Kleinigkeiten, die für wenig Geld zu haben sind, als auch größere und teure Geschenke in der Liste auf. Vielleicht tun sich ja ein paar Gäste zusammen und schenken den exklusiven Designersessel gemeinsam.

Teilen Sie den Gästen am besten bereits in der schriftlichen Einladung mit, auf welche Art und Weise die Hochzeitsgeschenke organisiert werden.

Präzise Angaben

In der Übersicht sollten alle Wünsche so detailliert beschrieben werden wie nur möglich. Denn je genauer der Geschenkwunsch formuliert ist, desto besser ist er zu erfüllen. Woher soll der Schenkende schließlich wissen, dass mit »großes Badetuch« ein flauschiges cremefarbenes Handtuch gemeint ist und nicht etwa ein bunt gemustertes?
Vermerken Sie auf der Liste auch, ob das Brautpaar bei manchen Dingen eine bestimmte Marke bevorzugt, und wenn ja, welche.

Vor allem bei Geschirr und Besteck sollten in jedem Fall der Hersteller sowie die Bezeichnung der betreffenden Serie angegeben sein. Ebenso dürfen Farbe und Größe nicht vergessen werden. Ideal ist eine Abbildung des gewünschten Gegenstands, beispielsweise aus einem Versandkatalog oder einem Prospekt, die Sie in Kopie der Geschenkeliste beilegen.
In früheren Zeiten bekam die Braut alle erdenklichen Gegenstände für den Haushalt geschenkt. Damit wurde die so genannte Aussteuer aufgestockt, die vor allem in ländlichen Regionen eine große Rolle spielte. Schließlich war die Aussteuer eine nicht zu unterschätzende materielle Komponente für den neu zu gründenden Hausstand.
Da heute jedoch die wenigsten Brautleute direkt vom Elternhaus weg in den Ehestand treten, sondern bereits längere Zeit alleine oder gemeinsam wohnen, ist auch der Bedarf an Haushaltswaren entsprechend geringer. So finden sich mehr und mehr andere Dinge auf der Wunschliste, wie beispielsweise Videogeräte, Musik sowie Computer und Zubehör. Auch Geldwünsche werden immer beliebter; dazu später mehr (→ Seite 115).

Auf die Verpackung kommt es an, denn die Geschenke werden nicht sofort ausgepackt, sondern den Abend über auf einem Tisch präsentiert.

Die Verwaltung der Wunschliste

Zunächst wird die Liste an alle Gäste per Post oder Fax weitergeleitet. Nach ein bis maximal zwei Wochen fragen Sie die Gäste, welches Geschenk von der Liste diese übernehmen möchten.
Da es dabei natürlich so manche »Mehrfachbelegung« geben kann, empfiehlt es sich dringendst, genau Buch zu führen. Nur so lässt sich die Geschenkeauswahl koordinieren, und Sie haben stets einen Überblick, was bereits vergeben und was noch zu haben ist.
Alternativ können Sie der Liste auch ein Begleitblatt mit den Adressen aller geladenen Gäste beilegen und sie einem Gast schicken. Dieser streicht seinen Namen sowie das ausgesuchte Geschenk durch und schickt es an die nächste Person auf der Liste. Das erleichtert Ihnen zwar die Arbeit, hat jedoch den Nachteil, dass die Schenkenden, je weiter hinten sie auf der Gästeliste stehen, immer weniger Auswahl haben.

Anregungen für die Wunschliste

Anbei einige Vorschläge, die – falls das Brautpaar die betreffenden Gegenstände noch nicht hat – mit auf deren Wunschliste gesetzt werden können.

Abonnement für Theater oder Konzert
Abonnement für Zeitung oder Zeitschrift
Bilderrahmen
Bowlenset
Brotmaschine
Bücher
Butterglocke
Camparigläser
Cappuccinotassen
CDs
Champagnerkelche
Cognacschwenker
Computerzuhör
Dekantierflasche für Rotwein
Dosen für Kekse, Tee etc.
Elektrische Zahnbürsten für beide
Entsafter
Espressomaschine
Espressotassen
Fischbesteck
Fondue-Set
Großer Schirm, unter den beide passen
Großes Strandtuch für beide zusammen
Kaschmir-Schals für sie und ihn
Käseglocke
Kerzenständer
Küchenbretter
Lederhandschuhe
Maschine zur Jogurtherstellung
Messerset im passenden Messerblock
Mikrowellenherd
Nudelmaschine
Parmesanhobel
Pfeffermühle
Picknickdecke aus Wolle oder Kaschmir
Picknickkorb mit Geschirr
Platzteller
Raclettegerät
Regal für Weinflaschen
Reisekoffer
Reisetasche
Römertopf
Rotweingläser
Salzmühle
Sauciere
Schuhputzset
Seidenbettwäsche
Sektkühler
Shaker
Sodawasser-Bereiter
Sofadecke aus Kaschmir
Spargelkochtopf
Tagesdecke fürs Bett
Terrakottatöpfe
Tranchiermesser
Vase
Verschlüsse für Perlweinflaschen
Videorecorder
Vorlegebesteck
Wasserkaraffe
Weißweingläser
Weißweinkühler
Wetzstahl
Wok
Zitruspresse

Geschenktische

Damit ist nicht der Tisch gemeint, auf den die Gäste Ihre Geschenke am Hochzeitstag ablegen sollen, sondern eine im Grunde sehr praktische Serviceleistung, die heute immer mehr Fachgeschäfte sowie auch große Warenhäuser Heiratswilligen anbieten.
Dabei trifft das Brautpaar eine Auswahl an Geschenken und lässt diese auf einem Hochzeitstisch in dem betreffenden Geschäft oder Warenhaus präsentieren. Die Gäste können dort unabhängig voneinander ein Geschenk aussuchen. Der große Vorteil dabei ist, dass garantiert nur das geschenkt wird, was auch wirklich gefällt. Die Möglichkeit, Geschenke vom Tisch auszusuchen, sowie der Name und die Adresse des Geschäfts werden den Hochzeitsgästen bereits in der Einladung bekannt gegeben.

Manche Läden geben hierzu auch Visitenkarten mit, damit diese zu den Einladungen gelegt werden können.

Der Geschenktisch macht am wenigsten Mühe, denn das betreffende Geschäft kümmert sich um die gesamte Abwicklung. Der Nachteil dabei ist, dass man an das Warensortiment eines einzigen Geschäftes gebunden ist. Zudem gestaltet sich die Geschenkauswahl für auswärtige Gäste schwierig. Erkundigen Sie sich deshalb, ob das Geschäft diesen Personen den Service bietet, dem Brautpaar das Geschenk bereits verpackt und direkt zuzustellen. Die Auswahl erfolgt telefonisch, und die Gäste müssen anschließend nur noch die Rechnung für Geschenk und Postzustellung begleichen. Falls dies nicht möglich ist, sollten Sie den auswärtigen Gästen eine gesonderte Geschenkeliste offerieren.
In manchen Fachgeschäften und besonders in großen Warenhäusern besteht die Möglichkeit, dass Hochzeitspaare ihre Wünsche in einen Computer eingeben. Die Gäste können dann das Wunschsortiment mittels eines Kodes wieder abrufen, sich die Gegenstände am Bildschirm ansehen und die Auswahl auch ausdrucken lassen.
Darüber hinaus haben viele Geschäfte heute eine eigene Homepage im Internet, sodass die Gäste den Hochzeitstisch ihres Brautpaares auch im Internet aufrufen und zu Hause in Ruhe ein Präsent aussuchen können. Das Gute an einem solchen virtuellen Geschenktisch ist, dass dabei auch auswärtige Gäste mitmachen und direkt beim Anbieter bestellen können.

Beliebte Geschenkideen

Natürlich kommt der Überraschungseffekt zu kurz, wenn Wunschlisten ausgegeben wurden oder ein Geschenktisch dem Gast die Qual der Wahl abgenommen hat. Deshalb sollte man noch einige originelle Geschenke in petto haben, die das Brautpaar garantiert nicht erwartet. Beispielsweise ein Präsent, bei dem alle Hochzeitsgäste mitgewirkt haben.

Selbst gestaltetes Memory

In diesem Spiel können die Gäste ihre kreative Ader zur Schau stellen. Schicken Sie jedem Hochzeitsgast einen Monat vor dem Fest zwei leere Memory-Kärtchen mit der Bitte, diese zu gestalten. Die Wahl des Motivs ist freigestellt. Wichtig ist natürlich, dass zweimal das Gleiche dargestellt wird, damit die Karten später als zusammengehörig identifiziert werden können.
Beispielsweise könnte man ein Gedicht zum Thema »Liebe und Ehe« aussuchen, Fotos aufkleben, ein Bild malen (das z. B. etwas mit den Hobbys der Brautleute zu tun hat) oder aber ein gutes Kochrezept notieren. Alle Memory-Kärtchen werden von Ihnen gesammelt und am Hochzeitstag dem Brautpaar in einer hübsch gestalteten Schachtel übergeben.

Kalender

Die Gäste können dem Brautpaar auch einen Kalender für das erste gemeinsame Ehejahr schenken. Besorgen Sie sich die Gästeliste, und bitten Sie jeden Gast, ein Kalenderblatt zu entwerfen. Dieses soll oben einen Rand zum Heften haben und unten Raum für das Kalendarium von einer Woche bieten. Selten sind so viele Gäste geladen, dass jeder ein Kalenderblatt für einen Tag gestalten kann.
Am besten, Sie versenden leere Kalenderblätter zum Selbstgestalten, die in Fachgeschäften für Bastelbedarf sowie in gut sortierten Schreibwarenläden erhältlich sind. So gehen Sie sicher, dass alle Blätter das gleiche Format und die gleiche Ausrichtung besitzen.
Ob Fotos, Collagen, ein Gedicht, selbst gemalte Bilder oder Rezepte: Jeder Gast kann seiner Fantasie und seinem Geschmack freien Lauf lassen.

Rendezvous unterm Sternenhimmel

Dieses Geschenk ist zwar nicht von bleibendem Wert, aber eine schöne Geste an das frisch getraute Paar. Sie benötigen ein großes Moskitonetz (gibt es in Sportgeschäften und Globetrotter-Läden), jede Menge selbst klebende Leuchtsterne, eine Flasche Champagner, einen Sektkühler, zwei passende Gläser sowie eine langstielige rote Rose in einer passenden Vase.

Ein sicherlich gerne entgegengenommenes Geschenk ist die Bezahlung einer Putzhilfe für die – je nach Ihrem Budget – ersten sechs oder zwölf Ehemonate.

Voraussetzung ist, dass Sie Zugang zum Schlafzimmer der Brautleute haben. Das Netz bekleben Sie von innen mit den Leuchtsternen und befestigen es über dem Ehebett. Normale Klebestreifen sind ausreichend, denn das Moskitonetz wiegt so gut wie nichts. Wenn das Licht angemacht wird, reflektieren die Sternchen es zurück und funkeln wie am Nachthimmel. Auf dem Nachttisch platzieren Sie den Champagner im Kühler auf Eis und stellen die Gläser und die Vase mit der Rose daneben. Das entschädigt für so manchen weniger schönen Gag in der Hochzeitsnacht, der das Paar eventuell ereilt.

Fotoalbum

Noch am selben Abend bekommt das Paar dieses einmalige Fotoalbum als Erinnerung an die Hochzeitsfeier überreicht. Vor der Hochzeit präparieren Sie ein Fotoalbum in der Form, dass Sie auf jeder Seite bestimmte Situationen vorgeben; beispielsweise der älteste Gast gemeinsam mit dem jüngsten, die Braut zusammen mit dem Oberkellner, der Gast mit dem längsten Anfahrtsweg, der Bräutigam beim Seitensprung und so weiter. Außerdem brauchen Sie für dieses Geschenk noch eine Sofortbildkamera. Am Hochzeitstag werden die Fotoaufträge möglichst früh an die Gäste ausgegeben, damit jeder weiß, welche Situationen und Motive gefragt sind, und Ihnen behilflich sein kann. Das jeweils gesuchte Fotothema halten Sie dann per Sofortbildkamera fest und kleben das Foto vor Ort in das Album ein.

Hochzeitstorte

Backen Sie oder Freunde von Ihnen gerne? Dann überraschen Sie das Brautpaar doch mit einer selbst gemachten Hochzeitstorte.
Als Erstes backen Sie drei Biskuit-Tortenböden in verschiedenen Größen. Die Formen dafür können Sie beim Bäcker ausleihen. Dann stellen Sie drei Biskuit-Kuchen in Kastenform her. Backen Sie den Boden in jedem Fall am Tag vor der Hochzeitsfeier, denn er sollte vor dem weiteren Verarbeiten komplett ausgekühlt sein. Erkundigen Sie sich auch, ob Sie die Torte am Festort kalt stellen können.

Ferner besorgen Sie rote, weiße und braune Tortencreme (nehmen Sie ruhig fertige, die schmeckt gut und verläuft nicht), je 500 Gramm Mandelsplitter und Schokostreusel, fünf bis sechs Liter süße Sahne und entsprechend viel Sahnesteif und Zucker. Was Sie dann noch brauchen, sind viele Marzipanfigürchen zum Verzieren der Torte: Brautpaar, Glücksschweinchen, Tauben, Rosen und so fort. Diese essbare Dekoration bekommen Sie in Konditoreien oder in gut sortierten Lebensmittelgeschäften.

Jetzt geht es ans Werk: Schneiden Sie die Biskuitböden in Lagen quer auf, und befüllen Sie sie mit der Tortencreme. Dann wird alles aufeinander gesetzt.
Aus den Kastenkuchen schneiden Sie mit einem scharfen Messer Streifen, die Sie als Wege oder Auffahrten von der untersten Ebene der Torte zur zweiten Ebene und so fort anbringen. Achten Sie darauf, dass jeweils zwei Auffahrten gegenüberliegen.
Dann wird mit einem Teigspachtel auf die gesamte Oberfläche steif geschlagene Sahne aufgetragen. Auf die Sahne – aber nur an den Tortenseiten, nicht auf den waagerechten Ebenen – werden nun vorsichtig Schokostreusel und Mandelsplitter verteilt.
Auf die einzelnen Auffahrten und die ersten beiden Ebenen setzen Sie verschiedene Marzipanfiguren. Auf der obersten Ebene wird das Brautpaar platziert. Ganz zum Schluss kommt an den Rand jeder Tortenebene ein Sahnetupfenring.

Geldgeschenke

Ein häufiger Wunsch zu Hochzeiten sind Geldgeschenke – sei es, um die durch die Feierlichkeiten stark geplünderte Kasse des Brautpaares wieder etwas aufzufüllen, oder aber, um das Budget für die Flitterwochen etwas aufzustocken. Generell sollte man, wenn man sich für Geldgeschenke entscheidet, einen Verwendungszweck nennen: beispielsweise für die bereits erwähnte Hochzeitsreise, ein Bild aus einer Galerie, eine Designercouch oder einen Segelkurs. Gerade ältere Gäste haben oft ihre Probleme mit einem Geldgeschenk, wenn sie nicht wissen, wofür das Geld ausgegeben wird. Die Geldscheine einfach in einen Briefumschlag zu stecken und dem Paar am Hochzeitstag zu überreichen, ist zweifelsohne nicht gerade ein Beweis besonderer Kreativität. Geldgeschenke sollten eine charmante Verpackung bekommen, die diesem Präsent ein wenig seinen materiellen Anstrich nimmt. Einige originelle Verpackungen haben wir hier zusammengetragen.

Gefrorenes Geld

Hierfür frieren Sie in einem kleinen, nicht zu hohen Plastikeimer Ein- oder Zwei-Euro-Stücke ein. Es können natürlich auch kleinere Münzen sein. Sie benötigen dafür eine Tiefkühltruhe, die genügend Platz bietet, um den Eimer aufrecht zu stellen. Das Eisfach des Kühlschranks ist dafür zu klein.
Das Prozedere dauert ein paar Tage, da Sie die Münzen schichtweise einfrieren müssen, damit diese nicht nur am Boden des Eimers liegen. Am ersten Tag legen Sie das erste Drittel der Summe, die Sie insgesamt schenken möchten, auf den Boden des Eimers und bedecken die Münzen drei bis vier Zentimeter mit Wasser. Außerdem benötigen Sie eine kräftige Schnur aus Sisal oder eine Wäscheleine. Das eine Ende der Schnur wird am Boden des Eimers platziert und soll mit einfrieren, das andere Ende wird über den Rand des Eimers gelegt. Zwei bis drei Tage später – das Eis muss richtig

fest gefroren sein – legen Sie das nächste Drittel Geldstücke auf das Eis und bedecken es wieder mit kaltem Wasser. Nach weiteren zwei bis drei Tagen wiederholen Sie das Ganze mit den restlichen Münzen.
Das Schnurende, das aus dem Eimer herausguckt, binden Sie zu einer Schlaufe; die Schnur sollte dabei nicht mehr als zwanzig Zentimeter aus dem Eis ragen. Auf der Hochzeitsfeier kommt dann der Clou: In einer Ecke des Festsaals legen Sie – für alle Anwesenden gut sichtbar – zwischen zwei Stühle einen Besenstiel, an dem Sie den Eisblock mit der Schnur aufhängen. Zuvor lösen Sie den Eisblock aus dem Eimer heraus. Dazu empfiehlt es sich, kurz warmes Wasser von außen über den Eimer laufen zu lassen. Den Eimer stellen Sie unter den Eisblock und hängen ein Sieb hinein. Während der Feier schmilzt der Eisblock, und die Münzen fallen nach und nach in das Sieb. Nach einigen Stunden kann das Brautpaar dann das »Taugut« in Empfang nehmen.

Grundstein für die Haushaltskasse

Diesen können Sie dem Brautpaar im wahrsten Sinne des Wortes legen: Besorgen Sie im Baumarkt einen oder zwei normale Ziegelsteine, und stecken Sie in deren Löcher zusammengerollte Geldscheine. Die Löcher verschließen Sie anschließend mit so genanntem PU-Schaum. Das ist ein Material, mit dem normalerweise Türstöcke ausgeschäumt werden und das sich, wenn es hart geworden ist, wie Styropor anfühlt. Mit einem Nagel oder einem Messer lässt sich der Schaum ganz einfach wieder aufbrechen.

Geldschmetterlinge

Da freuen sich das Auge und der Geldbeutel: Nehmen Sie Fünf- oder Zehn-Euro-Scheine, und falten Sie diese an ihrer schmaleren Seite in Abständen von fünf Millimetern wie eine Ziehharmonika. Die Mitte des gefalteten Scheins umwickeln Sie mit dem Ende eines etwa 20 Zentimeter langen Drahtes, sodass Sie eine Schmetterlingsform erhalten. Das andere Ende des Drahtes bildet einen langen Stiel, den Sie in einen Blumenstrauß stecken können.

Viele Blumengeschäfte bieten hübsche Sträuße an, in die Geldscheine dekorativ integriert sind.

Sandbank

Wechseln Sie Ihr Geldgeschenk in viele kleine Münzen. Diese füllen sie gemeinsam mit Sand in eine schöne flache Schüssel aus Glas und überreichen sie so dem Brautpaar. Dazu gibt es ein kleines Sieb und eine Schaufel – beides Sandspielzeug aus dem Spielwarengeschäft –, damit die Brautleute die Münzen aus der Sandbank fischen können.

Geld in der Dose

Wechseln Sie die Summe, die Sie schenken möchten, komplett in kleine Münzen um. Dann nehmen Sie mehrere leere Getränkedosen und spülen diese gut aus, damit das Geld nicht klebt. In die Dosen füllen Sie die Münzen, kleben die Öffnung mit Klebeband zu und überreichen sie dem Brautpaar stilecht in einer Plastiktüte.

Gefüllte Kronkorken

Zwei-Euro-Stücke passen exakt in Kronkorken hinein – wie gemacht also für die Verpackung eines Geldgeschenks. Falls Sie nicht zufällig zu den passionierten Biertrinkern gehören, kommen Sie in jeder Kneipe an Kronkorken; fangen Sie mit dem Sammeln dennoch früh genug vor der Hochzeitsfeier an. Vielfach müssen die Kronkorken per Zange wieder etwas gerade gebogen werden, bevor Sie die Münzen einpassen können. Die befüllten Kronkorken geben Sie zum Überreichen in einen kleinen Blecheimer.

Wackelpudding

Besorgen Sie ein schönes, hohes Glasgefäß; entweder viereckig oder rund. Dieses befüllen Sie schichtweise mit Götterspeise und Geldstücken. Am schönsten sieht das aus, wenn Sie Wackelpudding in verschiedenen Farben verwenden. Wackelpuddingpulver bekommen Sie für wenig Geld in jedem Lebensmittelgeschäft; das Farbspektrum umfasst Gelb, Rot und Grün. Die Zubereitung des Puddings ist kinderleicht und erfolgt nach Packungsvorschrift. Füllen Sie als Erstes die grüne Götterspeise in das Glasgefäß. Nachdem sie vollständig erkaltet ist, legen Sie die Hälfte der Münzen darauf. Dann folgt die nächste Lage mit roter Götterspeise, die die Münzen ganz bedecken sollte. Wenn der Pudding fest ist, werden die restlichen Geldstücke darauf gelegt und abschließend mit gelbem Wackelpudding bedeckt.
Selbstverständlich können Sie statt zwei auch mehr Lagen Münzen in dem Glasgefäß übereinander schichten. Wichtig ist nur, dass Sie die einzelnen Götterspeiseschichten jeweils vollständig kalt und damit hart werden lassen, denn sonst sinken Ihnen die Geldstücke ein.

Bedingt durch die langen Wartezeiten sollten Sie mit der Zubereitung dieses Geldgeschenks einige Tage vor der Hochzeitsfeier beginnen. Zu dem Wackelpudding überreichen Sie dem Brautpaar auch zwei Löffel sowie zwei Servietten, denn vielleicht möchten diese ja gleich am Hochzeitsabend von ihrem reichhaltigen Dessert kosten.

Für die Flitterwochen

Eine Anspielung auf die Flitterwochen ist diese Variante, die allerdings einige Bastelleidenschaft erfordert. Die Materialien

erhalten Sie alle im Spielwarenhandel sowie in Geschäften für Bastelbedarf. Kreieren Sie auf einem Stück festem Karton oder Styropor mit selbst härtender Modelliermasse und Sand eine Insel im Meer oder einen Strand. Das Meer deuten Sie durch Aufkleben azurblauer Folie oder Farbe an.
Anschließend »pflanzen« Sie etwas Gras, einige Bäumchen und Büsche und setzen vielleicht auch ein kleines Häuschen auf die Insel oder an den Strand. Derartiges Zubehör gibt es für die Modellbahn in Spielwarengeschäften.
Dann kommt die Ausstaffierung: Falten Sie aus Geldscheinen kleine Boote, die Sie mittels Reißnagel auf dem Meer fixieren. Aus einem zusammengerollten Geldschein fertigen Sie eine Palme: Der Schein ist der Stamm, und aus grünem Tonpapier werden die Palmwedel geschnitten. Witzig sehen auch kleine Papierschirmchen aus, mit denen normalerweise Eisbecher dekoriert werden. Sicher fallen Ihnen noch weitere Möglichkeiten zur Gestaltung der »geldlichen« Urlaubslandschaft ein.

Geld in Ballons

Bestücken Sie mehrere Luftballons mit je einem Zwei-Euro-Stück, und blasen Sie diese anschließend auf. Dann binden Sie alle Ballons mittels einer Schnur aneinander und überreichen diese Ballonkette dem Brautpaar. Vergessen Sie allerdings nicht, auf den wertvollen Inhalt der Ballons hinzuweisen – das Brautpaar sollte wissen, dass hier nicht nur Luft drin ist.

Überraschungspakete

Wem die Geschenke von der Wunschliste zu wenig Eigeninitiative bieten, sei auf die folgenden Ideen verwiesen, mit denen man dem Brautpaar eine echte Überraschung bereiten kann. Abgesehen davon fällt Ihnen sicherlich noch das eine oder andere für das Brautpaar ein: Abhängig von deren Hobbys, favorisierten Sportarten, Lieblingsgerichten und so fort, findet sich so manches, was sich als Überraschungspaket zusammenstellen lässt.

Für Hobbyköche

Schwingen Braut oder Bräutigam oder beide gemeinsam gerne den Kochlöffel? Dann stellen Sie ihnen ein Sortiment mit

Freunde der asiatischen Küche bekommen ein passendes Service geschenkt.

all dem zusammen, was der versierte Koch so braucht. Von Vorteil ist, wenn Sie wissen, welche Küche die beiden bevorzugen. Kochen und essen sie beispielsweise gerne asiatisch, bietet sich natürlich ein Wok an, dazu Stäbchen, schöne Schälchen, ein asiatisches Gewürzsortiment, diverse Saucen und ein qualitativ hochwertiges Kochbuch über die asiatische Küche.

Für passionierte Kinogänger

Schenken Sie dem Paar Karten für 12 (es können auch mehr sein) Vorstellungen in einem Kino in der Nähe, dazu ein gutes Filmlexikon sowie einige Klassiker auf Video. Klären Sie für Letzteres allerdings ab, ob die Brautleute auch ein Videogerät besitzen. Auf keinen Fall sollte man vergessen, diesem Potpourri für Cineasten mehrere Päckchen Salzstangen, Chips, Gummibärchen, Lakritze und andere Kinonahrung beizulegen – schließlich will für alles gesorgt sein.

Für das Bad

Dieses Wohlfühlset beinhaltet nicht nur Badeartikel, sondern auch Körperpflegeprodukte aller Art: diverse Badezusätze, wertvolle Körperöle, Lotionen und Cremes, Seifen, Bimsstein, Luffa-Handschuhe zum Trockenbürsten und und und. In gut sortierten Drogerien und Drogerie-Abteilungen von Kaufhäusern werden Sie fündig. Denken Sie auch an große Badetücher für jeden der beiden, vielleicht mit deren Initialen bestickt; oder flauschige Bademäntel, einen für sie und einen für ihn.

Für Wandervögel

Wenn die Brautleute gerne wandern und bergsteigen, packen Sie ihnen doch einen großen Rucksack mit nützlichen Requisiten: Wanderkarten für das Gebiet, in dem das Brautpaar wohnt respektive gerne zum Wandern hinfährt, dicke Socken für jeden, Teleskopstöcke, Regenjacken, die sich ganz klein zusammenfalten lassen, Energieriegel und isotonische Drinks sowie einen Führer mit Wirtschaften und Almen, in denen man nach oder während der Tour einkehren kann.

Für Freunde guter Tropfen

Eine Kiste mit hervorragenden Weinen ist immer ein willkommenes Geschenk. Entweder kaufen Sie nur Flaschen von einem Weingut, oder Sie wählen verschiedene Weine aus unterschiedlichen Anbaugebieten. Lassen Sie sich bei der Zusammenstellung am besten von einem Weinhändler beraten. Er übernimmt auch meist, falls Sie das möchten, die Lieferung an das Brautpaar.

Für Gourmets

Ein »Fresskorb« vom Feinsten, voll mit allen erdenklichen Kulinaria, die man sich nicht alle Tage leistet: Kaviar, Trüffel, bestes Olivenöl, Champagner, erlesene Pralinen und vieles mehr. In einem Feinkostgeschäft lassen sich noch so manch andere Gaumenkitzler finden, die sich ebenfalls gut eignen. Achten Sie allerdings darauf, dass die guten Sachen einige Zeit haltbar sind. Packen Sie also möglichst wenig Lebensmittel in den Korb, die bald verspeist werden müssen.

Für die Liebe

Auf so viele nützliche Geschenke folgt noch ein verführerisches Potpourri für ein Tête-à-tête: eine CD mit romantischer Musik, Kerzen, eine Flasche Champagner nebst edlen Gläsern, eine Ausgabe des Kamasutra oder des Tao der Liebe, beides altbewährte Unterweisungen in den Künsten der Liebe, sowie einige Stimulanzien. Dazu gehören ätherische Öle wie Sandelholz, Rose oder Neroli, Tee aus Ginsengwurzeln, Präparate mit getrocknetem Damiana-Kraut oder Muira-Puama, beides beliebte Vertreter aus dem Garten der Lüste. Die genannten Aphrodisiaka sind rezeptfrei in Apotheken erhältlich.

Wie wär's, wenn Sie in das amouröse Paket stimulierende Pflanzenliköre mit Essenzen verschiedener Kräuter packen? Sie eignen sich auch zum Mischen mit Fruchtsäften, Sekt oder Champagner.

Für Weltenbummler

Gehören Ihre Hochzeiter zu dieser Gattung Mensch, schenken Sie ihnen eine Reisetasche voll gefüllt mit all dem, was man unterwegs gut brauchen kann: Reiseföhn, Waschbeutel, Sonnen- und Insektenschutzmittel, Moskitonetz, Brustbeutel zum sicheren Aufbewahren von Geld, Reisewecker, Reiseapotheke, Strohhüte und Strandtücher. Vielleicht kennen Sie auch das Traumreiseziel der beiden, dann besorgen Sie noch einen guten Reise- und Sprachführer für das betreffende Land.

Geschenkgutscheine

Statt mit Überraschungspaketen oder Geldgeschenken können Sie das Hochzeitspaar auch mit einem Gutschein erfreuen, beispielsweise für eine Reise. Solche Reisegutscheine gibt es bei allen großen Reiseveranstaltern, wo Sie gegebenenfalls den Flug sowie das Hotel gleich auf den Namen des Brautpaares buchen können.
Falls Ihnen das zu riskant ist, da Sie nicht wissen, ob die beiden exakt an diesen Ort und in dieses Hotel möchten, schenken Sie einen Gutschein, in dem vermerkt ist, dass das Paar sich Reiseziel und Hotel selbst aussuchen kann.
Lassen Sie beim Kauf des Gutscheins den Veranstalter wissen, dass es sich um ein frisch vermähltes Paar handelt und dass im Hotelzimmer Blumen und Sekt auf die Gäste warten sollen.
Eine gute Idee sind auch Gutscheine für ein Wochenende in einem Wellness-Hotel, in einem Skigebiet oder in einer großen Metropole wie beispielsweise Berlin oder Paris.
Ebenfalls sehr beliebt sind Gutscheine für einen Ballonflug zu einem vom Brautpaar gewünschten Termin oder für ein Abendessen in einem der besten Gourmet-Restaurants der Stadt.
Wenn es bodenständiger und richtig praktisch sein soll, empfiehlt sich ein Gutschein für die Bezahlung einer Putzhilfe für ein halbes oder ein ganzes Jahr – je nachdem, was Sie ausgeben möchten und können. Oder Sie übernehmen für das Paar ein ganzes Jahr lang das Auto-

waschen – außen wie innen –, das Mähen des Rasens oder, falls bereits Nachwuchs eingetroffen ist, zehnmal Babysitten.

Gutscheine aus Papier

Ebenso wie bei der Verpackung von Geldgeschenken ist auch bei der Gestaltung von Gutscheinen ein wenig Kreativität gefragt.
Sie können beispielsweise die Kanten eines schönen Papiers mit einem Feuerzeug leicht ansengen; aber bitte vorsichtig und in der Nähe eines Wasserhahns zum »Löschen«. Nach dem Ansengen werden die verbrannten Papierkanten mit den Fingern abgebrochen. Dadurch bekommt der Gutschein die Anmutung eines alten Dokuments.
Diesen Eindruck verstärken Sie noch, indem Sie den Gutschein mit einem Siegel versehen; Siegel und Stempel bekommen Sie in Schreibwarengeschäften.
Oder Sie besorgen sich Geschenkpapier aus Pergament, das es oftmals mit eingearbeiteten Gräsern oder Blüten gibt, notieren Ihren Text darauf und rollen den Gutschein zusammen. Umwickeln Sie ihn mit einem Bastband, und stecken Sie noch einen Blüten- oder Efeuzweig darunter.

Gutscheine aus anderen Materialien

Wer sagt denn, dass ein Gutschein immer aus Papier sein muss? Auch viele andere Oberflächen lassen sich gut beschreiben:
Torte Backen Sie einen kleinen Kuchen, und tragen Sie den kurzen (!) Text des Gutscheins mit Zuckerguss auf.
Diskette Computerfreaks bekommen den Gutschein auf Diskette überreicht, der in einem Text- oder Grafikprogramm gestaltet wurde. Durch ein hübsches Etikett wird die Diskette zum Geschenk. Statt einer Diskette können Sie den Gutschein auch auf CD brennen.
Window-Color Besorgen Sie einen ausreichend großen und dekorativen Gegenstand aus Glas (Vase, Schüssel etc.). Schreiben Sie Ihren Gutscheintext – zusammen mit kleinen Bildern oder einem schmuckvollen Rahmen – mit Window-Color-Farben darauf.

Geschenkebuchführung

Während der Hochzeit sollten Sie unbedingt notieren, von wem welches Geschenk kam, denn nur dann können nach der Feier an alle Gäste Danksagungen mit einem Bild des Hochzeitspaares verschickt werden.
Übernehmen Sie diese Aufgabe für das Hochzeitspaar, denn das hat ohnehin alle Hände voll zu tun. Halten Sie Stifte und Aufkleber bereit, damit Sie die Geschenke sofort mit Namen versehen können. Denn oft schreiben die Gäste eine Karte zum Geschenk, legen diese aber nur lose dazu, sodass am Ende einige Geschenke unter Umständen nicht mehr genau zugeordnet werden können.

Ein guter Auftritt

Nicht nur das Brautpaar, sondern auch die Gäste möchten den Hochzeitstag in Bestform begehen und bei den Feierlichkeiten stets eine gute Figur machen. Das betrifft zum einen die Kleidung: Gerade weil die Regeln heute nicht mehr so starr sind wie früher, steht so mancher ratlos vor dem Kleiderschrank und fragt sich, welches gute Stück wohl dem festlichen Anlass am besten gerecht wird. Ein paar Hilfestellungen möchte Ihnen dieses Kapitel geben. Zum anderen wird höchstwahrscheinlich zum Tanz aufgespielt. Zur Auffrischung der Tanzschulkenntnisse rekapitulieren wir zum Schluss Schritt für Schritt wichtige Standardtänze: Wiener Walzer Langsamer Walzer, Quickstepp, Foxtrott und Rumba.

Die richtige Kleidung zum Feiern und Tanzen

Einerlei, ob Trachtenhochzeit oder elegantes Ambiente, es wird heute von keinem Gast mehr verlangt, dass er sich nur für diesen einen Tag etwas Neues zulegt. Wer nichts Passendes im Schrank hat, wird unter Umständen in Secondhandshops fündig oder leiht sich für den großen Auftritt etwas aus: im Freundeskreis oder bei speziellen Anbietern von Leihgarderobe. Wenn ein langer Tanzabend bevorsteht, sollte man auf bequeme, atmungsaktive und nicht zu enge Kleidung achten. Trotzdem müssen Sie nicht auf Eleganz verzichten. Mit welchen Kleidungsstücken sie immer passend gekleidet sind, erfahren Sie im Folgenden.

Bei Knigge gespickt

Die starren Vorschriften der Bekleidungsetikette sind zwar passé, aber trotzdem ist es nicht verkehrt, sich ein wenig mit dem traditionellen »Dresscode« von einst zu befassen. Denn ein Hochzeitsfest ist von jeher ein außergewöhnliches Ereignis, bei dem auch der Garderobe ein besonderer Stellenwert zukommt. Und so werden gewisse Regeln zwar nicht verordnet, aber dennoch nach wie vor als angemessen empfunden.

Als oberstes Gebot der Kleiderordnung gilt: Die Hochzeitsgäste sollten sich keinesfalls eleganter kleiden als das Brautpaar, aber auch nicht zu salopp. Um diesen Spagat zu meistern, erkundigt man sich am besten vorab, was das Brautpaar anziehen wird. Steht, wie bei einer Trachtenhochzeit, das Fest unter einem bestimmten Motto, ist die Kleiderfrage ohnehin geklärt.

Die zweitwichtigste Regel lautet: Der Herr richtet sich immer nach seiner Begleiterin. Trägt Sie ein schlichtes Kostüm, ist er mit einem Frack »overdressed«. Ein langes, prachtvolles Abendkleid erfordert hingegen auch vom Herrn einen entsprechend festlichen Anzug.

Wenn auf besonders festliche Kleidung Wert gelegt wird, bekommt man dies bereits in der Einladung durch den Passus »um Abendgarderobe wird gebeten« mitgeteilt (→ Seite 77).

Dresscode für weibliche Gäste

Die wichtigste Regel wurde bereits erwähnt: Braut und Bräutigam stehen im Mittelpunkt. Keine der Damen sollte sich eleganter und auffälliger kleiden als die Braut.

Das Hochzeitskleid bestimmt gewissermaßen indirekt die Kleiderordnung für die weiblichen Gäste. Streng genommen sollte die Farbe der Kleidung, welche die Braut bei der standesamtlichen und der kirchlichen Trauung trägt, tabu sein, damit der weibliche Gast der Braut nicht zu ähnlich sieht. Hat sich die Braut also beispielsweise ganz klassisch für ein weißes Kleid entschieden, ist diese Farbe nur ihr vorbehalten. Außerdem sollte kein langes Kleid getragen werden, wenn die Braut knielang oder im Minikleid erscheint.

Abgesehen von diesen Einschränkungen hat man ansonsten die freie Wahl: Wie man zur Hochzeit erscheint, obliegt ganz und gar dem eigenen Stil und den geschmacklichen Vorlieben. Das macht die Entscheidung natürlich nicht einfacher, aber heute können Frauen zu einem festlichen Anlass ebenso gut im sportlich-eleganten Hosenanzug mit edlen Accessoires auftreten wie in einer aufwändigen Ballrobe.

Einen guten Auftritt hat man immer in einem dunklen Kostüm, eventuell aufgelockert mit einem schönen Seidentuch und edlem Schmuck. Auch mit dem »kleinen Schwarzen« oder einem langen Abendkleid, das ruhig schlicht sein darf, liegt man immer richtig.
Bei der Entscheidung für ein Kleidungsstück spielt auch die Tageszeit eine Rolle: Findet die Trauung am Vormittag statt, sind Kostüm oder Nachmittagskleid die richtige Wahl; das lange Abendkleid wäre dann fehl am Platz. Hüte sind für Damen nur vormittags gestattet.
Auf keinen Fall sollte man an diesem Tag zu Jeans, weitem Pulli und Turnschuhen greifen. Damit wird man zwar kein Lokalverbot ernten, erweist dem Brautpaar allerdings nicht viel Respekt.

Von der Stange oder maßgeschneidert?

Wenn man sich etwas Neues kaufen möchte, sollte man vor dem Gang in die Boutiquen und Warenhäuser einen ehrlichen Blick in den Spiegel werfen und sich überlegen, welche Schnitte einem stehen und welche dagegen weniger vorteilhaft sind. Was bei einer Freundin gut aussieht, kann die eigene Figur in ein weniger positives Licht rücken.
Eine wichtige Rolle bei der Kaufentscheidung spielt auch der persönliche Stil. Am wohlsten fühlt man sich normalerweise, wenn man sich so geben kann, wie man ist. Man sollte nichts kaufen, was vielleicht festlich aussieht, aber später nie wieder angezogen wird, weil es nicht zum Typ passt.

Wer im Alltag lässige, sportive Kleidung bevorzugt, muss sich nicht wider Willen in ein enges Kleid oder Kostüm zwängen. Die Festkleidung sollte zwar elegant, aber auch typgerecht sein.

Wer partout nichts nach seinem Geschmack findet oder ohnehin schon lange mit einem Unikat nach Maß liebäugelt, sollte sich mal unverbindlich von einer Schneiderin beraten lassen. Das ist oft preisgünstiger, als man glaubt, und da sich nahezu jeder Wunsch realisieren lässt, hängt dann auch wirklich der ganz persönliche Traum im Schrank. Bei der Auswahl der Schneiderei sollte man auf fachliche Kompetenz und auf fundierte Beratung achten.

Für Frauen mit Format

Wer ein wenig rundlicher gebaut ist, muss deshalb keineswegs langweilig oder gar in einem »Kartoffelsack ähnlichen« Gewand zur Feier erscheinen. Mit ein paar Tricks lassen sich die Schokoladenseiten gut zur Geltung bringen und kleine Pölsterchen kaschieren.
Tabu ist alles, was optisch aufplustert, wie beispielsweise Tüllröcke, Puffärmel und üppige Rüschen. Auf glänzende, schillernde Stoffe – sie verbreitern optisch – sollte ebenso verzichtet werden wie auf schulterfreie Oberteile.
Am vorteilhaftesten ist ein schmaler, längerer oder bodenlanger Rock mit einem langen, fließenden Oberteil aus schönen, wertvollen Materialien. Das passt zu

dem festlichen Anlass und schmeichelt der Figur. Der Rock sollte allerdings nicht zu eng, sondern so weit geschnitten sein, dass das Gesäß locker umspielt wird. Achten Sie auch darauf, dass der Rock nicht zu üppig angesetzt ist und erst weiter unten an Volumen gewinnt.

Was die Schuhe angeht, ist von hohen, schmalen Absätzen oder sogar Pfennigabsätzen abzuraten. Im Verhältnis zu den kräftigen Waden wirken sie unproportioniert. Tragen Sie ein Modell, das vorne rund oder eckig geformt ist und einen kräftigen, maximal mittelhohen Absatz hat. Das lässt die Unterschenkel schlanker wirken und sorgt zudem für ein gutes Stehvermögen.

Bei Handschuhen greift man besser zu kurzen Exemplaren. Denn lange Handschuhe wirken bei kräftigeren Armen nicht sehr elegant. Auch der Kopfschmuck sollte eher dezent ausfallen. Gut macht sich eine schlichte Haarspange am Hinterkopf oder ein Haarreif, der farblich zur Garderobe passt. Einen Hut sollte man nur tragen, wenn man groß ist. Ansonsten kommt er nicht gut zur Geltung und lässt einen schnell gedrungen wirken.

Bei der Frisur sollte darauf geachtet werden, dass das Gesicht frei ist und im Mittelpunkt steht. Eine offen getragene Lockenpracht oder ein Pony sind nicht so vorteilhaft. Vielmehr werden die Haare möglichst glatt, aus dem Gesicht und dezent frisiert.

Wer sich eigens etwas Neues für die Hochzeitsfeier zulegt, sollte auch überlegen, zu welchen Gelegenheiten er die Errungenschaft außerdem ausführen kann.

Um den Blick auf das Gesicht zu lenken, setzt man durch ein edles, möglichst hell und matt gehaltenes Make-up und verführerisch geschminkte Lippen Akzente. Hierfür werden die Lippen zunächst mit einem farblich abgestimmten Lippenkonturenstift umrandet. Dann wird der Lippenstift aufgetragen und mit einem kleinen Pinsel mit der Außenlinie verstrichen. Ein bisschen Gloss macht die Lippen schließlich perfekt. Auf Wangen und Kinn geben Sie ein wenig Rouge, denn damit lässt sich ein rundes Gesicht optisch verlängern.

Was Sie sonst noch brauchen

Um kleineren und größeren Pannen die Stirn bieten zu können, ist es sinnvoll, die nachfolgend genannten Dinge immer in Reichweite zu haben.

Aspirin Für den Fall, dass Sie oder ein Gast auf dem Fest von Kopfschmerzen geplagt werden, sollten Sie immer einige Aspirin dabeihaben.

Beauty-Case Enorm praktisch ist ein kleines Täschchen mit Schminkutensilien zum Nachschminken. Hier haben auch – für alle Fälle – ein paar Pflaster Platz.

Ersatzstrumpfhosen Mindestens ein Paar sollten Sie in greifbarer Nähe haben.

Nähzeug Vergessen Sie nicht, einige Sicherheitsnadeln, schwarzes und weißes Garn sowie Nähnadeln einzustecken. Nützlich ist auch eine kleine Schere.

Taschentücher Halten Sie ein bis zwei Packungen Papiertaschentücher bereit – nicht nur zum Schnäuzen, sondern auch, um Flecken oder Ausrutscher beim Nachschminken schnell wegtupfen zu können.

Dresscode für männliche Gäste

Für männliche Hochzeitsgäste lässt sich die Kleidungsfrage angesichts einer kleineren Auswahl leichter beantworten. Auch wenn heute keine strengen Reglements den Auftritt bei festlichen Anlässen bestimmen: Ein Anzug sollte es in jedem Fall sein. Ebenso wie für die Damen gilt bei einer Hochzeitsfeier, dass der männliche Gast mit seiner Garderobe den Bräutigam nicht übertrumpfen darf. Wenn es streng nach Etikette geht, passen sich die männlichen Gäste der Kleidung des Bräutigams an. Trägt der Bräutigam beispielsweise einen Cut, sollten wenigstens die engsten Verwandten ebenfalls einen Cut wählen. Andererseits sollten die männlichen Gäste nicht im Frack erscheinen, falls der Bräutigam einen dunklen Anzug trägt.

Der Cut

Wer es traditionsbewusst mag, greift vormittags zum Cut – vorausgesetzt, er passt zum Stil der Hochzeit. Die Schöße des Cuts sind mit einem nach außen fließenden Abstich gearbeitet; die Jacke ist also vom Knopf in Bauchnabelhöhe fließend nach hinten bis fast in Kniekehlenhöhe geschnitten.
Die Jacke kann anthrazit- oder silbergrau sein, die Hose schwarz-weiß oder schwarz-grau gestreift. Dazu gehören eine perlgraue Weste, ein weißes Hemd und eine silbergraue Krawatte. Noch edler wird es durch einen breiten Seidenschal, den so genannten Plastron, der dezent gemustert ist und mit einer schlichten Perlennadel fixiert wird. Dazu ein schwarzer oder silbergrauer Zylinder, glänzend gewienerte schwarze Schuhe und eine weiße Chrysantheme im Knopfloch – festlicher geht es kaum.

Der Cut, früher auch »Cutaway« genannt, ist allerdings nur für den vormittäglichen Auftritt in der Kirche angebracht. Später wird er gegen eine andere Garderobe ausgetauscht. Sehr praktisch ist dieses elegante Stück also nicht, da man sich noch einmal umziehen muss. Weitere Gelegenheiten für einen Cut ergeben sich – immer am Vormittag – bei einem Staatsbesuch, einem großen Empfang oder einer Rennbahnveranstaltung.

Smoking und Frack sollten nur in Betracht gezogen werden, wenn auch der zukünftige Ehemann einen solchen trägt.

Der Frack

Während der Biedermeierzeit war der Frack noch als Tagesanzug en vogue und farblich überwiegend in Pflaumenblau, Flaschengrün, Tabakbraun oder Mausgrau anzutreffen. Ab 1850 wurde der Frack dann aus schwarzem Tuch gefertigt und war deshalb nur noch für abendliche Veranstaltungen nach 19 Uhr angezeigt. Heute ist er das festlichste Kleidungsstück, das ein Mann tragen kann, und somit auch für das abendliche Hochzeitsfest im großen Stil bestens geeignet. Die taillenkurze Jacke, deren spitze Revers mit elegantem Seidensatin besetzt sind und die hinten mit den so genannten Schwalbenschwänzen aufwartet, wird stets offen getragen. Die Frackhose hat an den Seitennähten Seidenborten, Galons genannt, und keine Umschläge. Dazu trägt der Herr von Welt eine Piqué-Weste, eine weiße Piqué-Schleife sowie ein gestärktes Frackhemd mit Kläppchenkragen – sicherlich nicht die bequemste Kleidung, aber wer schön sein will …
Die Füße, hochwertig in Seidensocken verpackt, stecken stilgerecht in glänzenden Lackschuhen.
Weitere Tragegelegenheiten für den Frack ergeben sich – nach 19 Uhr – bei einem Gala-Ball, einem Staatsempfang und anderen festlichen Veranstaltungen von hohem Rang.

Der Smoking

Man mag es vielleicht bedauern, aber der Frack ist inzwischen etwas aus der Mode gekommen. Er wurde durch den gefälligeren Smoking verdrängt, dessen Einsatzmöglichkeiten auch wesentlich breiter sind. Obwohl der Smoking der klassische Anzug für den Abend ist, kann man ihn kniggegerecht auch bereits am Nachmittag tragen. Selbst für die kirchliche Trauung am Vormittag ist der Smoking heute akzeptabel.
Traditionell ist der Smoking schwarz. Entweder ist er mit Schalkragen oder mit spitzem Revers geschnitten. Dazu trägt der Herr ein weißes Smokinghemd mit verdeckter Knopfleiste und Doppelmanschetten. Die klassische Ergänzung bilden entweder eine schwarze Weste aus Satin oder ein schwarzer Kummerbund mit schwarzer Schleife. Die Schuhe sind weder geschnürt noch mit Nähten verziert, sondern schlicht und glatt.
Weitere Tragegelegenheiten für den Smoking: Ball, Konzert, Theaterpremiere, Silvesterparty und festliche Einladungen.

Der dunkle Anzug

Am häufigsten wird bei Hochzeiten ein dunkler Anzug getragen, da die wenigsten Männer für die genannten Festanzüge Verwendung haben. Der dunkle Anzug, meist in Anthrazit, dunklem Blau oder Schwarz, wird mit ein- oder zweireihigem Sakko getragen, wobei man mit einem Einreiher und einer Weste aus gleichem oder dezent abweichendem Stoff ohne Frage eleganter auftritt.
Stilgerechte Accessoires zum dunklen Anzug sind ein weißes Hemd mit Umschlagmanschette sowie ein schwarzer Gürtel. Wer schlichte Eleganz bevorzugt, wählt eine Seidenkrawatte mit klassischem Dekor. An den Füßen trägt man knielange schwarze Strümpfe und schlichte schwarze Schnürschuhe.
Weitere Tragegelegenheiten für den dunklen Anzug sind: Empfang, Konferenz, Verlobung, Kommunion, Konfirmation und Trauerfeier.

Die kleinen Gäste

Kinder unterliegen keiner Etikette und dürfen tragen, was ihnen Spaß macht. Meist achten die Eltern aber dennoch darauf, dass ihre Kleinen dem Anlass gerecht gekleidet sind: beispielsweise festliche Kleider für die Mädchen und dunkle Hosen und weißes Hemd für die Jungen. Die Blumenkinder werden oftmals wie kleine Brautleute ausstaffiert, was allerdings seinen Preis hat. Wenn das Brautpaar Wert darauf legt, sollte die Kleidung auch von ihm bezahlt werden.

Gut beschuht

Die gute Festlaune ist schnell dahin, wenn einem nach einiger Zeit, nicht nur vom Tanzen, die Füße schmerzen. Darum noch einige Tipps zum Schuhwerk: Tragen Sie Schuhe, die mindestens eine Nummer größer als Ihre übliche Schuhgröße sind, und legen Sie eine Einlegesohle hinein. Denn die Füße werden erfahrungsgemäß vom vielen Stehen dicker – kein Problem, wenn man dann einfach die Sohle herausnehmen kann.

Legen Sie Kleidungsstücke, die Sie ausziehen, stets mit der Innenseite nach oben auf Stühle oder Tische. Wenn beispielsweise dem Kellner im Vorbeigehen etwas Sauce vom Teller tropft, bleibt äußerlich alles in Ordnung.

Finden Sie partout keine Schuhe, die zum Farbton der beim Fest getragenen Kleidung passen, kaufen Sie weiße Schuhe und lassen diese bei einer Lederfärberei einfärben. Der Lederfärber benötigt dazu eine Stoffvorlage, damit er die Farbe genau mischen kann.
Falls die Hochzeit im Winter stattfindet, sollten Ihre Schuhe so groß sein, dass Sie eine Lammfellsohle hineinlegen können. So wirkt der Schuh äußerlich elegant, und Sie müssen trotzdem nicht frieren. Vor allem in Kirchen kann es vom Boden her in den Wintermonaten bitterkalt werden. Wer etwas kräftiger gebaut ist, sollte die Tipps auf Seite 125 beherzigen.

Rundum gepflegt in das neue Leben

Langsam aber sicher naht er, der Tag X. Alle Vorbereitungen sind so weit erledigt, die Gäste eingeladen, die Örtlichkeiten zur Feier klargemacht – der Countdown läuft.
Wenn nun ein wenig Ruhe vor dem Sturm einkehrt, ist Gelegenheit, um an sich selbst zu denken. Sicher, der Friseur ist für den Hochzeitstag bestellt, vielleicht auch die Kosmetikerin zum Schminken. Doch irgendwie täte nun ein wenig Verwöhnen gut: Pflege rundum für Körper und Seele.
Nun kann man dazu einige Tage auf einer Schönheitsfarm oder in einem Wellness-Hotel verbringen. Das allerdings ist meist kostspielig und in Anbetracht des ohnehin strapazierten Geldbeutels nicht mehr im Budget enthalten. Das bedeutet jedoch nicht, auf die Pflegetage vor dem großen Tag verzichten zu müssen: Machen Sie Ihre Schönheitskur doch einfach zu Hause. Auf den folgenden Seiten finden Sie einen Vorschlag für zwei Schönheitstage in den eigenen vier Wänden. Falls die Zeit nicht ausreicht, können Sie das Programm auch auf einen Tag reduzieren. Dazu legen Sie das Körperpflegeprogramm vom ersten Nachmittag und das Gesichts- und Haarpflegeprogramm vom zweiten Nachmittag zusammen.
Bevor es an das Programm für die Schönheitstage und die einzelnen Pflegemaßnahmen geht, noch einige Bemerkungen zu Bewegung und Ernährung.

Ganz generell, aber besonders während der Schönheitstage, sollten Sie für Bewegung an der frischen Luft sorgen, so oft Sie können. Einerlei, was Sie bevorzugen, Spaziergänge, Radeln, Schwimmen oder Laufen: Am besten wirkt die sportliche Ertüchtigung vor dem Essen. Denn nach dem Training schüttet der Körper Endorphine aus, Hormone, die appetitzügelnd wirken und etwaige Kümmernisse mit dem knapp sitzenden Hochzeitskleid vermindern helfen …

Bewegung tut Körper und Seele gut.

Dass Schönheit von innen kommt, ist keine Binsenweisheit, sondern eine wissenschaftlich erwiesene Tatsache.
Deshalb ist die Ernährung ein zentraler Bestandteil der Schönheitspflege und sollte im Dienste eines blendenden Aussehens am Tag der Tage ganz besondere Berücksichtigung erfahren.
Verzichten Sie während der Schönheitstage generell auf Alkohol und Nikotin und, wenn möglich, auch auf Kaffee und schwarzen Tee.

Möglicher Speisezettel für einen Schönheitstag

Frühstück

Starten Sie mit einem Müsli – aus Körnern, Flocken und frischem Obst und mit Jogurt, Quark oder Milch angemacht – in den Tag. Süßen Sie nicht mit Zucker, sondern mit Honig. Trinken Sie dazu eine Tasse Kräutertee statt Kaffee oder schwarzem Tee.

Zwischenmahlzeit

Essen Sie ein Stück frisches Obst oder einen Becher Jogurt natur.

Mittagessen

Genießen Sie einen Rohkostteller aus verschiedenen Salaten der Saison. Bereiten Sie dazu eine Marinade aus kaltgepresstem Öl, Zitrone und frischen Kräutern. Geben Sie Nüsse, Pinien- oder Sonnenblumenkerne über die Rohkostplatte. Dazu reichen Sie Rohmilchkäse und Vollkornbrot. Trinken Sie dazu Mineralwasser.

Zwischenmahlzeit

Gönnen Sie sich zwischendurch einige leckere Vollkornkekse oder etwas frisches Obst.

Abendessen

Bereiten Sie einen Teller mit frischen Gemüsen der Saison, die aber schonend gegart werden sollten. Dazu gibt es ein wenig Vollkornreis und mageren Fisch. Wer keinen Fisch mag, serviert sich Huhn oder Pute. Dazu stilles Mineralwasser trinken.

Vor dem Schlafengehen

Trinken Sie eine Tasse Kräutertee in kleinen Schlucken, nach Belieben mit Honig gesüßt.

Entlastungstag

Ideal, nicht nur im Hinblick auf das üppige Tafeln während der Hochzeitsfeier, ist ein Entlastungstag. Er dient nicht nur der Figur, sondern entschlackt auch und entlastet so Stoffwechsel, Kreislauf und Verdauungsorgane, erhöht die körpereigenen Abwehrkräfte und regt die Verdauung an. All das verbessert letztlich auch sichtbar das Hautbild.
Führen Sie den Entlastungstag am besten am ersten der beiden Schönheitstage durch. Am darauf folgenden Tag können Sie Ihren Körper dann langsam wieder an Normalkost gewöhnen.

Zur Durchführung haben Sie die Wahl zwischen:

Trinktag

An einem Trinktag wird nur getrunken: Drei Liter pro Tag sollten es sein. Trinken Sie einen Liter Gemüsesaft (ohne Salz) oder Obstsaft (ohne Zucker) in fünf Portionen über den ganzen Tag verteilt. Dazu Mineralwasser und Kräutertee (zwei Tassen), bis Sie insgesamt auf drei Liter kommen. Gegessen wird an diesem Tag nichts.

Obsttag

Essen Sie insgesamt 2 bis 3 Pfund frisches Obst am Tag, verteilt auf fünf Mahlzeiten. Es ist besser, Sie wählen jeweils nur eine Obstsorte, zum Beispiel Ananas (entwässert und regt die Darmtätigkeit an) oder Äpfel, Beeren oder Weintrauben. Trinken Sie dazu viel stilles Mineralwasser.

Reistag

Pro Tag essen Sie 250 bis 300 Gramm Naturreis, der in salzlosem Wasser weich gekocht wird. Bereiten Sie daraus fünf kleine Mahlzeiten. Zum dem Reis gibt es entweder zwei rohe Äpfel oder rohes Apfelmus. Wer lieber Gemüse mag, wählt als Beilage gedünstete Tomaten, Schmorgurken oder geriebene Karotten (mit einem Tropfen Öl und Zitrone angemacht). Dazu sollten Sie über den Tag verteilt mindestens zwei Liter stilles Mineralwasser trinken.

Schönmacher auf dem Teller

Nicht nur vor der Hochzeit gut zu wissen

Keimöl enthält die Vitamine A und E, die für die Zellerneuerung wichtig sind. Sie verhindern eine allzu starke Verhornung der Haut.

Eier, frischer Lachs und **Grapefruits** sorgen für feste Nägel und schönes Haar.

Vollkornhaferflocken, Tomaten, Wirsing, Papaya und **Möhren** sorgen für gesunde Haut. **Rohes Sauerkraut, Ananas, Spargel** und **Reis** entwässern.

Karotten enthalten viel Vitamin A und machen deshalb den Teint frisch und klar.

Trinken ist das A und O der Schönheit. Wenn Sie weniger als einen Liter täglich trinken, greift der Körper auf die Wasservorräte der Haut zurück. Das trocknet sie aus und lässt sie faltig werden. Trinken Sie daher mindestens 2 Liter am Tag, am besten natriumfreies **Mineralwasser**. Wem das zu fad schmeckt, mischt es mit naturbelassenen, zuckerfreien **Obstsäften**.

Gut sind auch **Kräutertees**, allerdings nicht mehr als zwei Tassen täglich. Übergießen Sie einen Teelöffel getrocknete Kräuter mit kochendem Wasser, und lassen Sie den Tee zehn Minuten lang ziehen. Abseihen und, mit **Honig** oder etwas **Zitrone** verfeinert, in kleinen Schlückchen trinken. Tee aus **Birkenblättern** entwässert bei Zellulite und Augenschwellungen.

Zinnkraut und **Brennnessel** entschlacken, reinigen die Haut und regen den Stoffwechsel an. Schachtelhalm wirkt Zellulite entgegen.

Malve regt die Verdauung und den Stoffwechsel an.

Exotische Früchte sind echte Schönmacher.

Tagesprogramm

Nachfolgend finden Sie einen Vorschlag für den möglichen Ablauf der beiden Schönheitstage. In der genannten Abfolge entfalten die einzelnen Pflegemaßnahmen erfahrungsgemäß die besten Wirkungen. Sie kann jedoch jederzeit individuell verändert werden.

Zwei Schönheitstage

Erster Tag

Morgens

Morgengymnastik im Bett: Rad fahren und danach eine Kerze, das macht munter. Ein Glas warmes Wasser, auf leeren Magen getrunken, regt die Verdauung an. Wechselduschen vertreibt die Müdigkeit.

Frühstücken Sie in Ruhe, vielleicht bei Kerzenschein und angenehmer Musik.

Vormittags

Jetzt sollten Sie sich bewegen: Spaziergang an der frischen Luft oder leichtes Laufen.

Gehen Sie in die Sauna, und denken Sie danach ans Eincremen oder Einölen.

Mittags

Nach dem Mittagessen sollten Sie eine kurze Mittagsruhe (ca. 20 Minuten) halten.

Nachmittags

Gönnen Sie sich jetzt Pediküre und Maniküre.

Dann folgt die intensive Körperflege: Trockenbürsten, Körperpeeling, Schönheitsbad und abschließend eine Körperpackung.

Abends

Suchen Sie Ruhe und Entspannung: gedämpftes Licht, ruhige Musik, ein Abendspaziergang. Und eine Tasse Kräutertee vor dem Schlafengehen.

Zweiter Tag

Morgens

Morgengymnastik im Bett
Ein Glas warmes Wasser
Wechselduschen
Frühstück

Vormittags

Ausgedehnter Spaziergang oder Radfahren
Schwimmen

Mittags

Mittagessen
Anschließend kurze Mittagsruhe

Nachmittags

Heute kommen Haare und Gesicht an die Reihe: Beginnen Sie mit Reinigung, Peeling, Gesichtsdampfbad; Mitesser vorsichtig entfernen.

Tragen Sie eine Maske oder Packung auf, und gönnen Sie Ihren Haaren währenddessen eine Haarkur.

Nach der Maske werden die Augenbrauen gezupft.

Eine Gesichtsmassage wirkt jetzt Wunder.

Abends

Abendessen
Danach Ruhe und Entspannung
Kräutertee vor dem Schlafengehen

Die Pflege

Nachfolgend nun die Durchführung der genannten Pflegemaßnahmen.

Wechselduschen

kurbelt Durchblutung und Stoffwechsel in den oberen Hautschichten an. Damit wird die Zellneubildung beschleunigt, die Haut gestrafft und Fettpölsterchen abgebaut.

- Brausen Sie den Körper nach dem Duschen zuerst mit kaltem, dann mit warmem Wasser ab.
- Dreimal wiederholen und kalt abschließen.

Sauna

klärt die Haut und fördert die Durchblutung. Zugleich werden die Widerstandskräfte des Körpers und das Nervenkostüm gestärkt.

- Mindestens zwei Schwitzgänge einplanen: vorher jeweils duschen, dann gut abtrocknen.
- Je nach Kondition und Gewöhnung pro Saunagang 5 bis 15 Minuten schwitzen, dann kalt duschen oder ins Tauchbecken steigen.
- Anschließend warm in einen Bademantel kuscheln und ruhen. Bei Couperose das Gesicht nicht kalt abduschen.

Eincremen oder Einölen

wirkt besonders gut nach der Sauna, nach einem heißen Bad oder einer Dusche, weil dann die Hautporen weit geöffnet sind und pflegende Wirkstoffe besonders gut in die Haut gelangen können. Besorgen Sie sich am besten eine Creme oder ein Öl, das Efeu-, Algen- oder Birkenextrakte enthält (gibt es beispielsweise in Apotheken). Diese Extrakte regen den Stoffwechsel der Haut an, entschlacken und straffen das Gewebe.

- Geben Sie jeweils ein wenig Creme oder Öl auf die Haut. Streichen, klopfen und kneten Sie sanft die Haut.
- Immer in Richtung Herz massieren und am linken Fuß und Arm beginnen.

Pediküre

verhilft Ihnen zu einem gepflegten »Auftritt« und sorgt dafür, dass die Füße am großen Tag nicht so leicht schmerzen.

- Ihre Fußpflegeutensilien: ätherische Öle, alternativ Meersalz, harter Luffaschwamm oder Bimsstein, Nagelschere oder Nagelzange, Sandfeile, Rosenholzstäbchen, Nagelöl
- Bereiten Sie ein warmes Fußbad mit ätherischen Ölen (z.B. Lavendel, Minze oder Rosmarin) vor. Wahlweise können Sie auch ein Salzfußbad nehmen; dazu brauchen Sie zwei Esslöffel Salz pro Liter Wasser. Setzen Sie sich dann bequem auf einen Stuhl, und lassen Sie Ihre Füße etwa zehn Minuten lang in dem Bad ruhen.
- Trocknen Sie nun Ihre Füße mit einem Handtuch gut ab, und rubbeln Sie anschließend mit dem Bimsstein oder dem Luffaschwamm die Hornhaut an Fersen und Ballen ab. Den Bimsstein feuchten Sie vor der Anwendung etwas an. Duschen Sie Ihre Füße danach ab, und kneten Sie sie gut durch.
- Die durch das Bad aufgeweichte Nagelhaut schieben Sie nun sanft mit dem Rosenholzstäbchen zurück.

Überstehende Hautreste entfernen Sie vorsichtig mit der Schere. Wie bei den Händen gilt auch hier: Schneiden Sie niemals die Nagelhaut ab, denn sie schützt Ihr Nagelbett vor dem Eindringen von Krankheitserregern und damit auch vor Entzündungen.

- Wenden Sie sich jetzt Ihren Zehennägeln zu. Kürzen Sie sie wo nötig mit Schere oder Zange. Schneiden Sie dabei immer ganz gerade ab, und feilen Sie die Ecken an den Rändern leicht rund. So vermeiden Sie ein Einwachsen der Nägel. Ist der Nagel dennoch nach innen gekrümmt, so polieren Sie den Nagel mit der Feile oberhalb der Nagelhaut glatt. So wird der Nagel beim weiteren Wachsen flacher und sticht nicht mehr in die Haut.
- Setzen Sie sich jetzt bequem auf den Teppich oder ein Kissen, und ölen Sie Ihre Füße mit einem Körperöl ein. Streichen Sie dabei über den Fußrücken, und massieren Sie Ihre Fußsohle. Massieren Sie auch Öl in die Zehen und Zehenzwischenräume, und streichen Sie so lange über Ihre Füße, bis das Öl ganz eingezogen ist.

Maniküre

sorgt für gepflegte Hände und Fingernägel. Schließlich sind Ihre Hände ein Aushängeschild – umso mehr an einem Tag wie diesem.

Legen Sie sich zur Hand- und Nagelpflege folgende Utensilien zurecht: Körperöl (gut ist auch Babyöl), Hautschere, Nagelschere, Nagelhautschieber aus Rosenholz, Nagelfeile (Stahl- oder Diamantfeile bei festen Nägeln, Saphirfeile bei eher weichen Nägeln, Sandpapierfeile bei dünnen, brüchigen Nägeln), Nagelöl.

- Streichen Sie das Körper- oder Babyöl großzügig über Ihre Handinnen- und außenflächen. Umwickeln Sie diese anschließend mit Alufolie, oder ziehen Sie Plastikhandschuhe über. Lassen Sie das Öl zwanzig Minuten lang einziehen. Überschüssiges Öl, das nicht eingezogen ist, tupfen Sie anschließend mit einem Kosmetiktuch ab.
- Dann feilen Sie Ihre Fingernägel sorgfältig in Form. Imitieren Sie beim Feilen die Form Ihrer Fingerkuppe. So verlängern die Nägel optisch Ihre Finger. Wie lang Sie Ihre Nägel wachsen lassen, ist letztlich eine Geschmacksfrage. Bei brüchigen Nägel empfiehlt es sich allerdings, diese kürzer zu halten,bis die schadhafte Nagelsubstanz ausgewachsen ist.
- Baden Sie jetzt Ihre Nägel etwa fünf Minuten lang in einem Schälchen voll Nagelöl (aus Drogerien oder Apotheken). Dadurch wird die Hornplatte von außen mit Nährstoffen versorgt, geglättet und zugleich die Nagelhaut aufgeweicht.
- Schieben Sie anschließend mit dem Rosenholzstäbchen die weiche Nagelhaut zurück. Überstehende Hautreste schneiden Sie mit der Hautschere ab.

Trockenbürsten

ist ein guter Start für Ihre Körperpflege am Nachmittag, denn die Bürstenmassage bringt den Kreislauf auf Trab, verfeinert das Hautbild und hilft, Stoffwechselschlacken aus dem Hautgewebe abzutransportieren.

- Massieren Sie mit einem Luffa- oder Sisalhandschuh in kreisenden Bewegungen, am linken Fuß beginnend, immer in Richtung auf das Herz zu.
- Die zarte Haut um den Busen herum bitte nur ganz vorsichtig massieren und die Brustwarzen aussparen.
- Massieren Sie so lange, bis sich die Haut rötet, etwa fünf Minuten.

Körperpeeling

trägt trockene Hautschüppchen ab und regt die Durchblutung an. Das Ergebnis ist eine glatte, rosig schimmernde Haut am ganzen Körper. Es gibt zwar spezielle Körper-Peeling-Cremes zu kaufen, billiger und ebenfalls gut geeignet sind aber auch Seesand-Mandelkleie (aus Apotheken oder Drogerien) und eine selbst gemachte Peeling-Mischung aus drei Esslöffeln Buttermilch, einem Teelöffel Seesand und einem halben Teelöffel Meersalz.

- Duschen Sie sich mit warmem Wasser ab.
- Geben Sie dann einen etwa esslöffelgroßen Klecks Peeling in eine Hand, und reiben Sie den feuchten Körper von den Füßen bis zum Hals mit kreisenden Bewegungen ein. Wie beim Trockenbürsten immer in Richtung Herz reiben.
- Lassen Sie das Peeling fünf bis zehn Minuten einwirken, und duschen Sie sich anschließend wieder mit warmem Wasser ab.

Ein Schönheitsbad

folgt nach dem Körperpeeling. Jetzt geht es ab in die Wanne. Der Wahl des Badezusatzes sind keine Grenzen gesetzt.

- Gut vor der Hochzeit ist sicherlich ein Entspannungsbad mit ätherischen Ölen. Beruhigend wirken beispielsweise ätherisches Lavendel-, Melissen- oder Orangenöl: jeweils zehn Tropfen mit etwas Sahne verrühren und in das Badewasser geben.
- Ein Bad mit Algenkonzentraten oder Meersalz (beides fertig aus der Apotheke) sorgt für intensive Entschlackung sowie Straffung des Körpers und lockert die Muskeln.
- Einerlei, für welchen Badezusatz Sie sich entscheiden: Baden Sie nicht länger als 15 bis 20 Minuten, und achten Sie darauf, dass das Badewasser nicht heißer als 38 Grad ist.
- Nach dem Schönheitsbad duschen Sie sich nicht ab, sondern lassen die ätherischen Öle, Meersalz oder Algenkonzentrat noch weiter ihre Wirkung entfalten.

Eine Körperpackung

kann nach dem Schönheitsbad folgen. Am späten Nachmittag ist die Haut aufnahmefähiger für Wirkstoffe als am Morgen, denn ab etwa 16 Uhr erhöht sich die Zahl der Zellteilungen, und der Stoffwechsel läuft auf Hochtouren. Beste Zeit also für eine pflegende Körperpackung mit Creme oder Öl.

- Dazu tragen Sie eine Körpercreme oder ein Körperöl von Hals bis Fuß dick auf. Vergessen Sie nicht das Dekolleté und den Busen.
- Hüllen Sie sich anschließend in ein sauberes Bettlaken.
- Dann legen Sie sich aufs Bett, packen sich eine warme Decke da-

rüber, ruhen rund 20 Minuten und lauschen Ihrer Lieblingsmusik – während die Seele entspannt, wird die Haut samtweich.

Zweiter Tag

Am Nachmittag des zweiten Tages steht die Pflege von Haaren und Gesicht auf dem Programm.

Haarpflege

lässt sich mit der Gesichtspflege zeitlich gut verbinden.

- Angegriffene Haarspitzen sollten Sie etwa zwei Stunden vor der Haarwäsche mit Klettenwurzelöl (aus der Apotheke) behandeln, das Sie in die Spitzen einkneten.
- Eine Haarpackung kann einwirken, während auch die Gesichtsmaske ihre Arbeit tut. Bevor Sie die Haarpackung auftragen, waschen Sie die Haare. Dann tragen Sie die Haarpackung auf und verteilen diese mit dem Kamm vorsichtig in den Haaren. Wickeln Sie dann ein warmes feuchtes und darüber ein trockenes Handtuch um den Kopf. Die Wärme ist wichtig, denn sie bringt die Wirkstoffe im Haar voll zur Entfaltung.
Lassen Sie die Kurpackung 10 bis 20 Minuten einwirken, und spülen Sie sie dann aus. Eventuell ist es erforderlich, hinterher die Haare noch einmal mit einem milden Shampoo zu waschen.
Entweder Sie verwenden eine fertige Haarpackung (aus Drogerien oder Apotheken) oder Sie gehen in die Küche und mixen sich Ihre eigene: Je nach Haarlänge 1 bis 2 Eigelb mit einem Esslöffel Oliven-, Weizenkeim- oder Avocadoöl verrühren und in den Haaren verteilen.

Die Gesichtspflege

setzt sich aus Reinigung, Peeling, Dampfbad und Maske bzw. Packung zusammen. Eventuell wollen Sie auch noch Mitesser entfernen und die Augenbrauchen zupfen.

- Reinigen Sie zuerst Ihr Gesicht mit einer milden Reinigungsemulsion, die Sie mit einem weichen Gesichtsbürstchen in die Haut einarbeiten. Das regt die Durchblutung der Haut an und strafft das Gewebe. Spülen Sie die Reinigungsemulsion erst warm ab und zum Abschluss kalt nach. Die Haut wird dadurch erfrischt, ist rosig und gut durchblutet und aufnahmebereit für Pflegestoffe.
- Danach steht ein Peeling an, das die Haut mit Hilfe von Schleifkörnchen von abgestorbenen Hornschüppchen und kleinen Hautunreinheiten befreit.
Rubbeln Sie die Peeling-Creme sanft über das Gesicht; die Augenpartie sparen Sie dabei aus. Achten Sie darauf, die Haut nicht zu stark zu reiben oder zu zerren. Anschließend spülen Sie das Gesicht mit lauwarmem Wasser gut ab.
- Jetzt folgt das Gesichtsdampfbad, für das Sie eine Hand voll getrocknete Kräuter (Kamillen-, Lindenblüten oder eine Mischung aus Lindenblüten, Rosmarin, Salbei und Arnika) in eine Schüssel geben und mit einem Liter kochendem Wasser überbrühen. Beugen Sie nun das Gesicht über den heißen Dampf und breiten ein Handtuch oder

eine Decke über die Schüssel, damit der Dampf nicht entweicht. Lassen Sie den Dampf fünf Minuten auf die Haut wirken. Anschließend das Gesicht mit einem Frottiertuch sanft trocken tupfen.

- Das weniger Angenehme an der Gesichtspflege: Mitesser beseitigen. Am besten geht diese Prozedur vor sich, wenn Sie die Zeigefinger beider Hände mit einem dünnen Kleenex oder in Gesichtswasser getränkten Wattepads umwickeln. Dann quetschen Sie damit die Mitesser ohne viel Druck aus den Poren. Anschließend desinfizieren Sie die Haut mit einer Gesichtslotion mit etwas Alkohol. Vorsicht: Wenn Sie zu sehr drücken, handeln Sie sich Pickel ein, und das wäre wohl so ungefähr das Letzte, was Sie für ein Hochzeitsfest brauchen. Wenn Sie also unsicher sind, überlassen Sie das Entfernen der Mitesser lieber einer Kosmetikerin.
- Jetzt ist die Haut reif für eine Packung oder eine Maske (siehe unten).
- Während die Gesichtsmaske oder -packung einzieht, verwöhnen Sie die Augen mit Augenkompressen. Legen Sie dazu mit Augenwasser (aus der Apotheke, z. B. Augentrost-Extrakt) befeuchtete Wattepads auf die geschlossenen Augenlider.
- Nach der Maske oder Packung zupfen Sie die Brauen. Dabei zupfen Sie die Härchen, die aus der natürlichen Brauenform ausscheren, mit einer Pinzette aus.

Gesichtsmasken und -packungen

dürfen im Pflegeprogramm auf keinen Fall fehlen: Am Abend vor dem großen Ereignis angewendet, entfalten sie über Nacht ihre Straffungs- und Liftingeffekte. Schönheit im Schlaf …
Die in den Masken und Packungen enthaltenen Wirkstoffe straffen und polstern die Oberhaut auf und lassen so Unebenheiten und Fältchen – vorübergehend zwar, aber immerhin – verschwinden. Länger anhaltend ist der regenerierende Effekt, denn diese Pflegemaßnahmen verstärken nachhaltig den Stoffwechsel und versorgen auch tiefer gelegene Hautschichten mit pflegenden und nährenden Substanzen – und das sieht man der Haut an. Umso mehr gilt das, wenn die Masken und Packungen profimäßig angewendet werden, und zwar wie folgt:

- Reinigen Sie Gesicht, Hals und Dekolleté vor dem Auftragen der Maske oder Packung gründlich mit Reinigungslotion.
- Nun legen Sie eine warme Kompresse auf, denn diese macht die Haut besonders aufnahmefähig. Dazu tränken Sie ein kleines Handtuch mit lauwarmem Wasser, winden es aus und pressen es für eine Minute sanft auf Gesicht, Hals und Dekolleté.
- Im Anschluss tragen Sie die Maske oder Packung von der Kinnmitte aus auf Gesicht, Hals und Dekolleté auf. Mund und Nase sowie vor allem die Augen sparen Sie großzügig aus, damit diese nicht gereizt werden.
- Den Hals sollten Sie von unten nach oben einstreichen, denn das fördert den Fluss der Lymphe, strafft das Gewebe an Hals und Kinn und beugt einem Doppelkinn vor.

- Nach der Einwirkzeit, meist zehn bis 15 Minuten, reinigen Sie Gesicht, Hals und Dekolleté gründlich mit lauwarmem Wasser. Die Haut mit einem frischen Handtuch trocken tupfen und Gesichtswasser sowie die gewohnte Tages- oder Nachtcreme auftragen.
- Gesichtsmasken und -packungen haben die meisten Kosmetikhersteller in ihrer Produktpalette. Alternativ empfehlen sich die Schönmacher aus hauseigener Produktion – hierzu im Folgenden eine kleine Auswahl an Rezepturen, die auch von empfindlicher Haut gut vertragen werden. Wer zu allergischen Hautreaktionen neigt, sollte allerdings Vorsicht walten lassen. Entweder sollten Sie die Maske bereits im Vorfeld testen oder sich im Fachhandel beziehungsweise in der Apotheke beraten lassen. Dort kann man Ihnen eine Maske speziell für allergiegefährdete Haut empfehlen.
- Heilerdemaske: Verrühren Sie einen Esslöffel Heilerde und drei Esslöffel Linola-Creme (beides aus der Apotheke), und tragen Sie die Masse auf Gesicht, Hals und Dekolleté auf. 20 Minuten einwirken lassen und dann mit lauwarmem Wasser abnehmen.
- Leinsamenkleiemaske: Fünf Esslöffel Leinsamenkleie mit Wasser verrühren und einige Minuten quellen lassen. Das Resultat sollte eine gut streichfähige Masse sein, die nicht klumpt. Diese tragen Sie auf die Haut auf, lassen sie 20 Minuten wirken und nehmen mit einem trockenen Kleenex den größten Teil der Maske ab. Erst dann mit lauwarmem Wasser nachreinigen, denn die Kleie verstopft den Abfluss des Waschbeckens.
- Eigelbmaske: Eigelb mit seinem reichen Vorrat an Lezithin, Vitaminen und Mineralstoffen pflegt nicht nur das Haar, sondern auch die Haut. Ein Eigelb mit einer Messerspitze Agar-Agar (aus der Apotheke) und einem Teelöffel hochwertigem Bienenhonig verrühren, auftragen und 20 Minuten wirken lassen. Agar-Agar ist ein Gelbildner, gewonnen aus Meeresalgen. Es hat eine straffende, glättende Wirkung und ist auch in vielen fertigen Masken und Packungen enthalten.
- Der Klassiker: Gurkenscheiben sind altbekannt als schnelle Schönmacher. Zu Recht, denn sie enthalten Enzyme, Vitamine und Mineralstoffe, die umgehend glätten und straffen. Eine Salatgurke gut waschen, in Scheiben schneiden und die Haut damit »tapezieren«.
Gurkenscheiben machen sich auch bestens in Kombination mit Quark: Zwei Esslöffel Quark mit dem Püree von einer Viertel Salatgurke mixen und für 15 Minuten auf der Haut wirken lassen.
- Ölpackung für Hals und Dekolleté: Hals und Dekolleté sind Regionen, die allzu oft vernachlässigt werden. Vor dem großen Tag haben sie intensive Pflege verdient. Dazu zwei Esslöffel Nachtkerzenöl und einen Esslöffel Jojobaöl (beides aus der Apotheke) mischen und kurz im Wasserbad erwärmen, danach mit einem Naturhaarpinsel auftragen. Dann Hals und Dekolleté in Plastikfolie verpacken, ein angewärmtes Handtuch darüber wickeln und die Ölkur 20 Minuten wirken lassen.

Frisur und Make-up

Möchte die Braut ihre Frisur stilistisch auf das Kleid abstimmen, sollte sie ihrem Friseur möglichst frühzeitig vor dem Festtermin das Kleid zeigen oder ein Bild davon mitbringen: am besten schon fünf bis vier Monate vor der Hochzeit, damit eventuell die Haare noch etwas wachsen können.
Wenn sie das Geld für eine Kosmetikerin sparen und sich selbst schminken möchte, kann sie sich Schminktipps von Profis einholen: In großen Kaufhäusern gibt es meist Visagistinnen, die mit den Produkten eines bestimmten Kosmetikherstellers umsonst schminken. Man kann diese nach Tipps für ein typgerechtes Hochzeits-Make-up fragen und sich die wichtigsten Handgriffe zeigen lassen. Vor der Hochzeit unbedingt üben! In manchen Städten gibt es auch Kosmetikschulen, die Modelle kostenfrei schminken.

Schminken Schritt für Schritt

Teint Auf die gereinigte Haut wird eine leichte Feuchtigkeitscreme aufgetragen. Unschöne Hautrötungen werden mit einem helleren Abdeckstift kaschiert. Dann folgt das Make-up, passend zum Hautton. Damit die Haut nicht so glänzt, stäubt man etwas transparentes Puder über das Gesicht. Für einen rosigen Teint sorgt ein Hauch Puderrouge.

Augen Lidschatten gibt es als Puder oder Creme. Für welche Farbe Sie sich entscheiden, hängt von Ihrem Typ und Ihrer Garderobe ab. Mit einem flüssigen Eyeliner oder einem Kajalstift werden die Wimpernansätze akzentuiert. Durch glänzendes Lidpuder erhalten die Augen einen festlichen Schimmer.

Wimpern und Brauen Man sollte auf keinen Fall zu viel Tusche auftragen. Zwei Durchgänge mit wenig Tusche sind besser als ein dicker Auftrag. Dazwischen die Tusche gut trocknen lassen. Die Brauen können mit einem Augenbrauenstift dünn (!) nachgezogen werden.

Lippen Zuerst werden die Lippen dezent konturiert. Dafür nimmt man einen Lipliner, Augenbrauen- oder Kajalstift. Dann malt man die Fläche mit einem Lippenstift aus. Die Kontur sollte nun nicht mehr zu sehen sein. Überschüssige Farbe wird mit einem Tuch abgenommen, auf das man die Lippen presst; abschließend mit etwas Puder fixieren.

Sicher aufs Parkett

Nach dem Essen eröffnet das Brautpaar traditionell mit dem Brautwalzer den Tanz. Der klassische Brauttanz ist wie folgt aufgebaut: Zunächst beginnt das Brautpaar alleine zu tanzen. Nach einer Minute fordert sie ihren Vater und er seine Mutter auf. Ist eine weitere Minute vergangen, tanzt die Braut mit dem Schwiegervater und der Bräutigam mit der Schwiegermutter, Brautvater und Bräutigamsmutter bleiben auf der Tanzfläche und tanzen miteinander. Anschließend wird der Tanz für alle freigegeben. So mancher hat jetzt allerdings ein kleines Problem: Der Tanzkurs liegt lange zurück, und man hat die Schritte der üblichen Gesellschaftstänze entsprechend nicht mehr im Kopf. Klar, Wiener Walzer geht im Dreivierteltakt, aber wie geht es dann weiter?
Falls sich Ihnen diese Frage stellt, können Sie nun alte Kenntnisse wieder auffrischen oder aber die Schritte von Wiener Walzer, Langsamer Walzer, Quickstepp und Rumba neu erlernen. Schließlich schlägt man nur ungern eine Aufforderung zum Tanz aus.

Haltung und Führungsarbeit

Vorweg einige allgemeine Bemerkungen zur Haltung und, wie es bei Tanzlehrern heißt, »Führungsarbeit«. Beim langsamen Walzer, Quickstepp, Wiener Walzer und Slowfox beginnt das Paar in dieser Tanzhaltung:

- Beide Partner stellen sich voreinander auf. Die Körperhaltung ist gestreckt, die Schultern werden nicht hochgezogen, sondern locker und entspannt gehalten.
- Der Partner winkelt seinen rechten Arm an und legt seine rechte Hand auf den unteren Teil des linken Schulterblatts der Partnerin. Sein linker Arm ist ebenfalls leicht angewinkelt. Mit der linken Hand fasst er die rechte Hand der Partnerin, wobei die Handflächen fest aneinanderliegen.
- Da die Größe beider Partner ungleich sein kann, hat der größere Partner seine linke bzw. rechte Hand in Augenhöhe des kleineren Partners zu halten.
- Die Partnerin legt den linken Arm so auf den rechten Arm des Partners, dass sie sich an drei Stellen berühren: Die Hand des Partners ruht auf dem Schulterblatt der Partnerin. Sein Unterarm und ihr Oberarm berühren sich. Ihre Hand liegt auf seinem Oberarm. Dadurch bietet der Partner seiner Partnerin eine »Kontaktfläche«, die es ermöglicht, dass die Partnerin an der rechten Seite des Partners in seinem Arm steht.
- Die Partnerin darf sich nicht mit der linken Hand am rechten Oberarm des Partners festklammern. Sie soll ihre Hand nur auflegen.
- In dieser Haltung stehen beide Partner so voreinander, dass die Füße versetzt sind. Das bedeutet, dass in der geschlossenen Fußposition nicht alle vier Füße direkt voreinander stehen, sondern, dass sich der rechte Fuß der Partnerin zwischen den Füßen des Partners befindet und ihr linker Fuß an der äußeren Seite des rechten Fußes des Partners steht (→ Abbildung Seite 141).

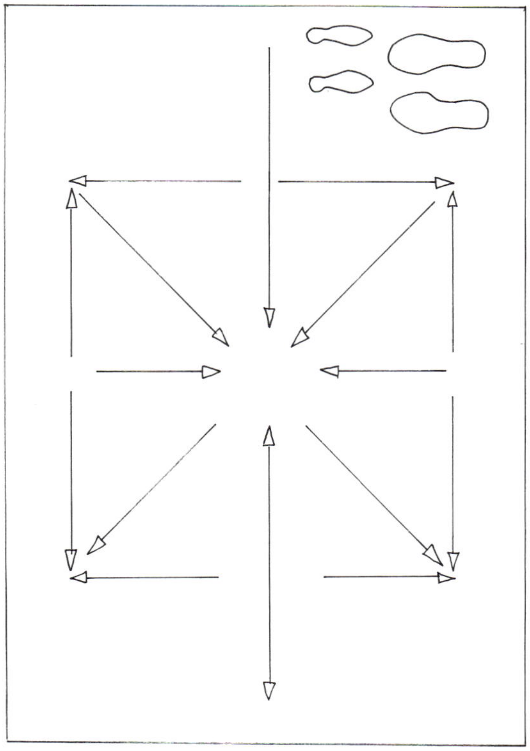

Ausgangsposition für jeden Tanz: Die Pfeile kennzeichnen die Richtung, in die sich das Paar bewegt.

- Die Köpfe sind erhoben, der Blick aufrecht. Beide Partner blicken nach Möglichkeit über die rechte Seite des Partners nach links.
- Bei der Gehbewegung ist darauf zu achten, dass sich zuerst der Körper und dann der Fuß bewegt, weil die Füße mit einer größeren Geschwindigkeit bewegt werden als der Körper. Bei allen Gehbewegungen dürfen die Knie nicht steif, sondern müssen locker gehalten werden.
- Der Rückwärtstanzende darf sich nicht so vorbeugen, dass das Körpergewicht ausschließlich über dem Fußballen gehalten wird. Er muss so rückwärts tanzen, dass sich ein Teil des Gewichts über den Fersen befindet.
- Beide Partner müssen darauf achten, dass die Füße bei jedem Schritt gerade gehalten und die inneren Fußkanten aneinander vorbeigeführt werden. Der Partner muss der Partnerin stets anzeigen, mit welchem Fuß er beginnen möchte.
- Der Partner führt, die Partnerin lässt sich führen.
- Wenn der Partner mit dem rechten Fuß beginnen möchte, setzt er den linken Fuß ein wenig zur Seite und legt das Gewicht auf diesen. Diese Gewichtsverlage-

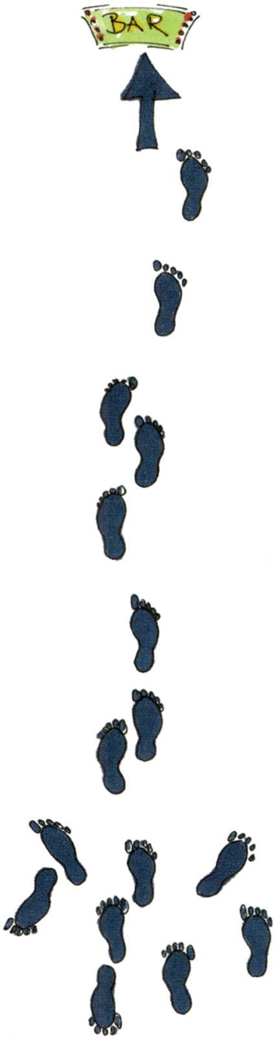

rung spürt die Partnerin und kann sie nachvollziehen.

- Der Partner darf die Partnerin mit seinem rechten Arm nicht ziehen.
- Der rechte Arm des Partners darf nicht so locker sein, dass eine Führung nicht mehr möglich ist.
- Die Schrittlänge darf nicht über die natürliche Schrittlänge des kleineren Partners hinausgehen.
- Das Setzen eines größeren Schrittes erfordert ein stärkeres Abwinkeln des Standbeins. (Das Bein, auf dem sich das Körpergewicht befindet, heißt Standbein; das Bein mit dem ein Schritt vollzogen wird, heißt Spielbein.)

Wiener Walzer

Sein Rhythmus wird in erster Linie durch die schwungvollen Körperdrehungen bestimmt. Die Musik ist schnell fließend und temperamentvoll schwingend. Der Wiener Walzer wird bekanntermaßen im Dreivierteltakt, mit 60 Takten pro Minute, getanzt. Nach jeweils drei Schritten hat sich das Paar um 180 Grad gedreht, also eine halbe Drehung durchgeführt.

Die Rechtsdrehung der Dame

Ausgangsposition: Rücken in Tanzrichtung

1. Schritt Linken Fuß schräg rückwärts setzen, nach rechts drehen

2. Schritt Rechten Fuß seitwärts setzen, nach rechts drehen

3. Schritt Linken Fuß neben rechten Fuß setzen, halbe Rechtsdrehung beenden

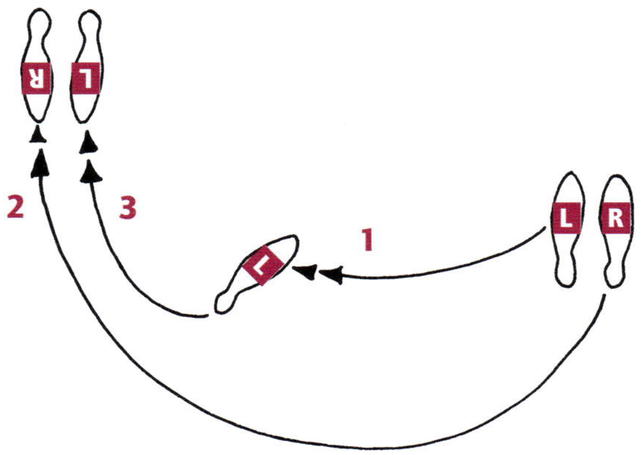

Die Rechtsdrehung der Dame als halbe Drehung: Hier tanzt sie im Innenkreis.

4. Schritt Rechten Fuß schräg vorwärts setzen, nach rechts drehen

5. Schritt Linken Fuß seitwärts setzen, nach rechts drehen

6. Schritt Rechten Fuß neben linken Fuß setzen, halbe Rechtsdrehung beenden

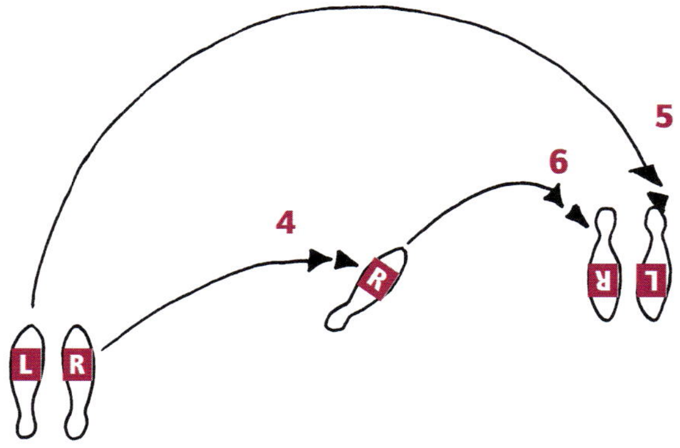

Die Schrittabfolgen 4 bis 6 beschreiben den Außenkreis, die Schritte sind groß.

Die Rechtsdrehung des Herrn

Ausgangsposition: Gesicht in Tanzrichtung

1. Schritt Rechten Fuß schräg vorwärts setzen, nach rechts drehen

2. Schritt Linken Fuß seitwärts setzen, nach rechts drehen
3. Schritt Rechten Fuß neben linken Fuß setzen, halbe Rechtsdrehung beenden

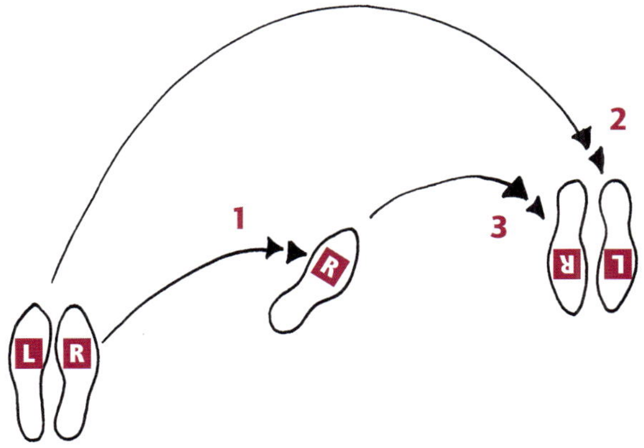

Hier ist der aktive Teil der Rechtsdrehung des Herrn beschrieben; die Schritte werden größer getanzt.

4. Schritt Linken Fuß schräg rückwärts setzen, nach rechts drehen
5. Schritt Rechten Fuß seitwärts setzen, nach rechts drehen
6. Schritt Linken Fuß neben rechten Fuß setzen, halbe Rechtsdrehung beenden

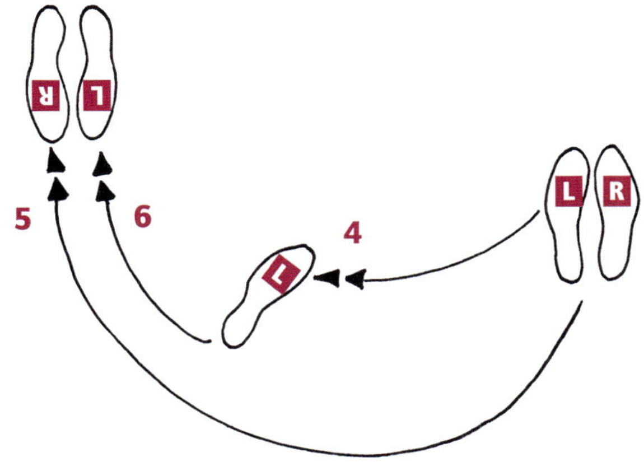

Bei dem Innenkreis, wie hier gezeigt, setzt der Herr kleinere Schritte.

Langsamer Walzer

Der langsame Walzer ist ein weiträumiger Tanz, der das Drehtanzprinzip des Wiener Walzers mit der raumgewinnenden englischen Bewegungstechnik vereint. Er wird im Dreivierteltakt mit etwa 30 Takten pro Minute gespielt; auf jeden Taktteil wird ein langsamer Schritt gesetzt, und im dritten Schritt werden die Füße geschlossen.

Die Grundbewegung

Der Partner steht mit der Körperfront in Tanzrichtung. Er hat sein Gewicht auf dem linken Fuß, die Partnerin auf dem rechten. Der Partner beginnt mit dem rechten Fuß vorwärts, die Partnerin beginnt mit dem linken Fuß rückwärts. Im Schritt zwei setzt er den linken Fuß seitwärts, die Partnerin setzt entsprechend den rechten Fuß seitwärts. Jetzt verlagert der Partner sein Gewicht auf den linken Fuß und schließt dann den rechten Fuß zum linken, die Partnerin entsprechend den linken Fuß zum rechten.
Nach Schritt drei steht der Partner auf dem rechten, die Partnerin auf dem linken Fuß. Jetzt beginnt der Partner mit dem linken Fuß rückwärts, setzt den rechten Fuß zur Seite und schließt den linken Fuß zum rechten. Die Partnerin tanzt entsprechend.
Mit diesen sechs Schritten ist die Grundbewegung des langsamen Walzers beendet.

Der Grundschritt der Dame

1. Schritt Linken Fuß rückwärts – langsam – Ballen-Ferse
2. Schritt Rechten Fuß seitwärts – langsam – Ballen
3. Schritt Linken Fuß neben rechten Fuß setzen – langsam – Ballen-Ferse
4. Schritt Rechten Fuß vorwärts – langsam – Ballen-Ferse
5. Schritt Linken Fuß seitwärts – langsam – Ballen
6. Schritt Rechten Fuß neben linken Fuß setzen – langsam – Ballen-Ferse

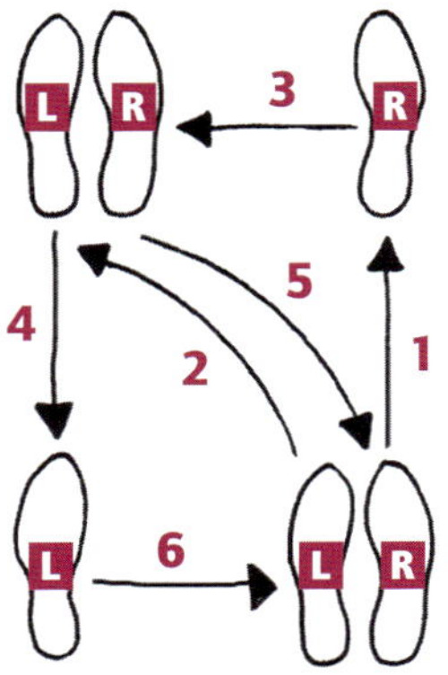

Der Grundschritt des Herrn beim langsamen Walzer.

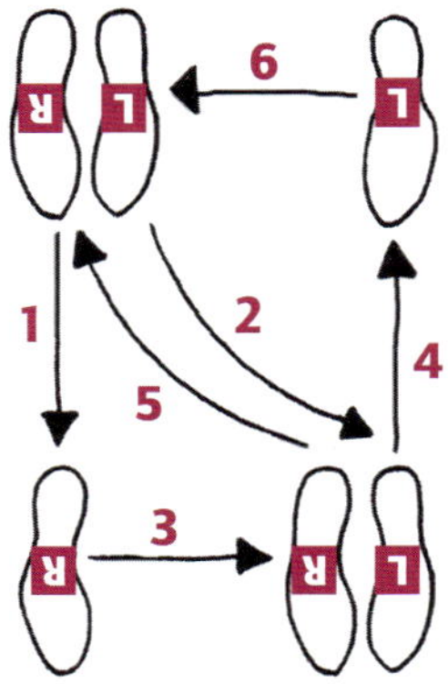

Der Grundschritt der Dame beim langsamen Walzer.

Der Grundschritt des Herrn

1. Schritt Rechten Fuß vorwärts – langsam – Ferse-Ballen
2. Schritt Linken Fuß seitwärts – langsam – Ballen
3. Schritt Rechten Fuß neben linken Fuß setzen – langsam – Ballen-Ferse
4. Schritt Linken Fuß rückwärts – langsam – Ferse-Ballen
5. Schritt Rechten Fuß seitwärts – langsam – Ballen
6. Schritt Linken Fuß neben rechten Fuß setzen – langsam – Ballen-Ferse

Die Rechtsdrehung

Die Rechtsdrehung ist die einfachste Variation der Grundbewegung.
Dabei werden die Schritte der Grundbewegung so gesetzt, dass am Ende der sechs Schritte eine Drehung von 270 Grad (Dreiviertel-Drehung) getanzt worden ist.
Zu Beginn der Bewegung steht der Partner mit seiner Körperfront schräg zur Wand.
Im ersten Teil der Rechtsdrehung (Schritte 1 bis 3) setzt der Partner die Schritte so, dass er am Ende mit dem Rücken in Tanzrichtung steht. Im Schritt 1 setzt er den rechten Fuß vorwärts; im Schritt 2 setzt er den linken Fuß seitwärts, wobei die Fußinnenseite am rechten Fuß vorbeigeführt wird. Im Schritt 3 schließt der rechte Fuß zum linken, und der Partner endet auf dem rechten Fuß mit dem Rücken in Tanzrichtung.
Die Partnerin tanzt entsprechend.
Im zweiten Teil der Rechtsdrehung (Schritte 4 bis 6) setzt der Partner den linken Fuß rückwärts leicht seitwärts (Schritt 4), im Schritt 5 setzt er den rechten Fuß so weit seitwärts, bis dieser schräg zur Mitte in Tanzrichtung zeigt. Im Schritt 6 schließt der linke Fuß zum rechten. Jetzt steht der Partner mit der Körperfront schräg zur Mitte und kann mit dem rechten Fuß von

vorn beginnen. Die Partnerin tanzt entsprechend.

Nach einer zweiten Rechtsdrehung endet der Partner mit der Körperfront schräg zur Mitte in der Gegentanzrichtung. Nach einer dritten endet er schräg zur Wand in der Gegentanzrichtung, womit der Vollkreis schließlich vollendet ist.
Wichtig bei der Rechtsdrehung ist, darauf zu achten, dass mit den sechs Schritten keine 360 Grad gedreht werden, da der Aufbau des langsamen Walzers diagonal ist. Das bedeutet, dass alle Variationen entweder schräg zur Mitte oder zur Wand beginnen.

Zur Führungsarbeit

Der Partner muss der Partnerin die Möglichkeit geben, die Drehung mitzutanzen. Wenn er die Partnerin mit den Armen zu stark zu sich zieht, nimmt er ihr jede Möglichkeit der eigenen tänzerischen Bewegung.
An die Rechtsdrehung schließt sich als zweite Variation die Linksdrehung (siehe unten) an. Dazu muss ein Übergangsschritt getanzt werden, damit der Partner mit dem linken Fuß die Linksdrehung beginnen kann. Grundsätzlich beginnen alle Rechtsdrehungen für den Partner mit dem rechten Fuß vorwärts (Partnerin linker Fuß rückwärts), alle Linksdrehungen mit dem linken Fuß vorwärts (Partnerin rechts rückwärts).
Als Übergangsschritt tanzt der Partner mit dem rechten Fuß vorwärts den ersten Teil der Grundbewegung.

Die Rechtsdrehung des Herrn

1. Schritt Rechten Fuß vorwärts – langsam – Ferse-Ballen
2. Schritt Linken Fuß seitwärts, am rechten Fuß vorbeiziehen – langsam – Ballen
3. Schritt Rechter Fuß schließt zum linken Fuß – langsam – Ballen-Ferse
4. Schritt Linken Fuß rückwärts, leicht seitwärts – langsam – Ballen-Ferse
5. Schritt Rechten Fuß seitwärts, schräg setzen – langsam – Ballen
6. Schritt Linker Fuß schließt zum rechten Fuß – langsam – Ballen-Ferse

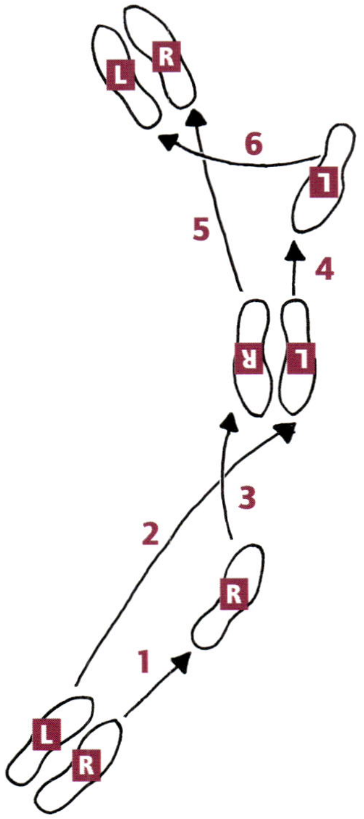

Die Rechtsdrehung des Herrn beim langsamen Walzer.

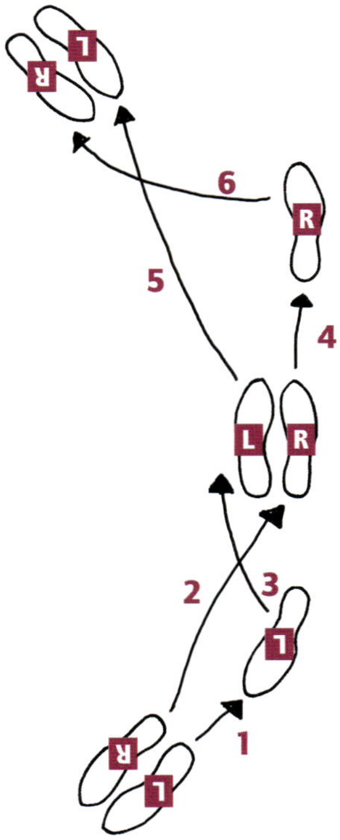

Die Rechtsdrehung der Dame beim langsamen Walzer.

Die Rechtsdrehung der Dame

1. Schritt Linken Fuß rückwärts – langsam – Ballen-Ferse
2. Schritt Rechten Fuß seitwärts, am linken Fuß vorbeiziehen – langsam – Ballen
3. Schritt Linker Fuß schließt zum rechten Fuß – langsam – Ballen-Ferse
4. Schritt Rechten Fuß vorwärts, leicht seitwärts – langsam – Ferse-Ballen
5. Schritt Linken Fuß seitwärts, schräg setzen – langsam – Ballen
6. Schritt Rechter Fuß schließt zum linken Fuß – langsam – Ballen-Ferse

Die Linksdrehung

Bei der Linksdrehung handelt es sich um eine Bewegung, bei der der Partner die rechte Schulter nach vorn bringt und nach links dreht.

Zu Beginn steht der Partner mit der Körper-front schräg zur Mitte in Tanzrichtung.
Im ersten Teil der Linksdrehung werden die Schritte 1 bis 3 so getanzt, dass der Partner am Ende auf dem linken Fuß mit dem Rücken in Tanzrichtung steht. Im Schritt 1 setzt der Partner den linken Fuß vorwärts, im Schritt 2 setzt er den rechten Fuß seitwärts, und im Schritt 3 schließt der linke Fuß zum rechten.
Die Partnerin tanzt im Schritt 1 mit dem rechten Fuß rückwärts, im Schritt 2 mit dem linken Fuß seitwärts, und im Schritt 3 schließt der rechte Fuß zum linken. Der zweite Teil der Linksdrehung endet für den Partner mit der Körperfront schräg zur Wand. Im Schritt 4 setzt er den rechten Fuß rückwärts in Tanzrichtung. Im Schritt 5 wird der linke Fuß so weit seitwärts und leicht rückwärts gesetzt, bis die Fußspitze schräg zur Wand in Tanzrichtung zeigt. Im Schritt 6 wird der rechte Fuß zum linken geschlossen.
Die Partnerin tanzt im Schritt 4 mit dem linken Fuß vorwärts, im Schritt 5 mit dem rechten Fuß seitwärts und schließt im Schritt 6 den linken Fuß zum rechten. Jetzt stehen beide wieder schräg zur Wand in Tanzrichtung und können nach einem weiteren Übergangsschritt eine Rechtsdrehung anschließen. Bei diesem Übergangsschritt tanzt der Partner mit dem linken Fuß vorwärts, setzt den rechten Fuß seitwärts und schließt den linken wieder zum rechten.

Zum optimalen Bewegungsablauf sind Körpergegenbewegungen, Körperneigungen sowie lockere Knie und eine exakte Fußarbeit notwendig. Bei einer so genannten Körpergegenbewegung schwingt die dem Spielbein entgegen-gesetzte Körperseite gegen das ausschreitende Bein. Sowohl in der Rechts- wie auch in der Linksdrehung ist auf Schritt 1 und 4 eine solche Körpergegenbewegung zu tanzen. Sie bewirkt ein leichtes, schwungvolles Tanzen und hilft, die Drehungen besser auszuführen.
Auch Körperneigungen und Körperstreckungen unterstützen die Drehbewegung. Sie ermöglichen dem Tänzer

ein schwungvolles Auslaufen seiner Bewegung. In der Linksdrehung wird die rechte Seite des Partners auf Schritt 2 und 3, die linke auf Schritt 5 und 6 gestreckt. Ebenso wird im Schritt 2 und 3 auf den Fußballen erhoben, Ende 3 dann auf die Ferse abgesenkt.
Auf Schritt 5 und 6 wird dann wieder erhoben und Ende 6 wieder auf den ganzen Fuß abgesenkt.

Die Linksdrehung des Herrn

1. Schritt Linken Fuß vorwärts – langsam – Ferse – Ballen
2. Schritt Rechten Fuß seitwärts – langsam – Ballen
3. Schritt Linker Fuß schließt zum rechten Fuß – langsam – Ballen-Ferse
4. Schritt Rechten Fuß rückwärts – langsam – Ballen-Ferse
5. Schritt Linken Fuß seitwärts – leicht rückwärts drehen – langsam – Ballen
6. Schritt Rechter Fuß schließt zum linken Fuß – langsam – Ballen-Ferse

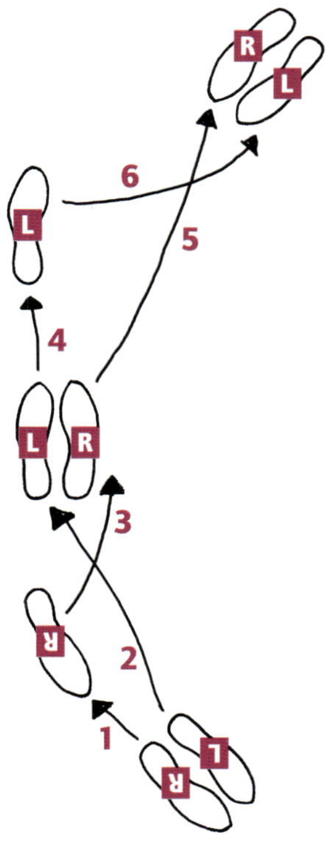

Die Linksdrehung der Dame beim langsamen Walzer.

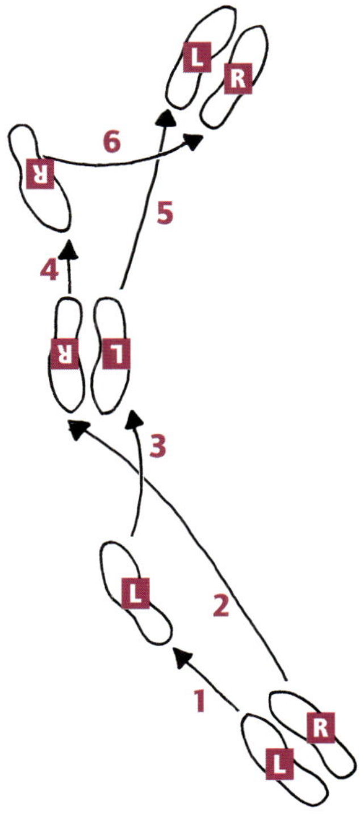

Die Linksdrehung des Herrn beim langsamen Walzer.

Die Linksdrehung der Dame

1. Schritt Rechten Fuß rückwärts – langsam – Ballen-Ferse
2. Schritt Linken Fuß seitwärts – langsam – Ballen
3. Schritt Rechter Fuß schließt zum linken Fuß – langsam – Ballen-Ferse
4. Schritt Linken Fuß vorwärts – langsam – Ferse-Ballen
5. Schritt Rechten Fuß seitwärts, leicht vorwärts drehen – langsam – Ballen
6. Schritt Linker Fuß schließt zum rechten Fuß – langsam – Ballen-Ferse

Der Rechtskreisel

Der Rechtskreisel ist eine typische Bewegung des langsamen Walzers.
Er kann an fast alle Variationen angeschlossen werden oder diese einleiten.
In Verbindung mit der Grundbewegung und der halben Rechtsdrehung kann er gut als Übergang zur Linksdrehung getanzt werden.
Bei der Rechtskreiselbewegung wird mit drei Schritten eine Drehung von 270 Grad getanzt. Der Partner beginnt mit der Körperfront schräg zur Wand in Tanzrichtung. Die Partnerin steht mit dem Rücken schräg zur Wand in Tanzrichtung.
Die Schritte 1 bis 3 sind die ersten

drei Schritte der Rechtsdrehung. Damit wird der Rechtskreisel eingeleitet. Im Schritt 4 setzt der Partner den linken Fuß rückwärts. Die Partnerin setzt entsprechend den rechten Fuß vorwärts. Dann dreht der Partner auf dem linken Fußballen eine Achsendrehung nach rechts.

Eine Achsendrehung wird dadurch getanzt, dass der rechte Fuß eine Fußlänge vor dem linken gehalten wird, während auf dem Fußballen des linken Fußes so weit gedreht wird, bis die Körperfront in Tanzrichtung zeigt. Im Schritt 5 setzt der Partner den rechten Fuß vorwärts und dreht den Körper weiter nach rechts. Die Partnerin setzt den linken Fuß rückwärts leicht seitwärts und dreht den Körper ein wenig weiter nach links. Im Schritt 6 schließlich setzt der Partner den linken Fuß seitwärts leicht rückwärts, wobei sein Rücken zur Mitte zeigt. Die Partnerin setzt den rechten Fuß vorwärts leicht seitwärts, wobei die Körperfront zur Mitte zeigt.

Mit diesen sechs Schritten ist die Bewegung jedoch unvollständig. Deshalb tanzt der Partner mit dem rechten Fuß rückwärts drei weitere Schritte: rechter Fuß rückwärts, linker Fuß seitwärts, rechter Fuß schließt zum linken. Damit der Partner am Ende dieser Bewegung mit der Körperfront schräg zur Mitte steht, tanzt er während der letzten drei Schritte eine Vierteldrehung. Die Partnerin tanzt entsprechend mit dem linken Fuß vorwärts: linker Fuß vorwärts, rechter Fuß seitwärts, linker Fuß schließt zum rechten. Sie endet mit dem Rücken schräg zur Mitte. Eine Körpergegenbewegung wird von beiden auf den Schritten 1, 4 und 5 getanzt. Auf Schritt 2 und 3 wird erhoben und bei Ende 3 abgesenkt. Auf Schritt 2 und 3 streckt der Partner die linke, die Partnerin die rechte Seite. Während der Kreiseldrehung gibt es keine Neigung.

Zur Führungsarbeit

Der Rechtskreisel erfordert eine gute Körperführung durch den Partner. Dabei ist die Körpergegenbewegung auf Schritt 4 sehr wichtig. Auch im Schritt 5 dreht der Körper noch weiter. Während der Bewegung darf der Partner das Gewicht nicht auf den hinteren Fuß bringen und auf der Ferse drehen, sondern das Gewicht muss in jedem Fall auf dem Fußballen gehalten werden. Gleichzeitig hat der Partner auf die Bewegung der Partnerin zu warten.

Der Rechtskreisel des Herrn

1. – 3. Schritt wie im ersten Teil der Rechtsdrehung

4. Schritt Linken Fuß rückwärts – langsam – Ballen

5. Schritt Rechten Fuß vorwärts, leicht seitwärts – langsam – Ballen

6. Schritt Linken Fuß seitwärts, leicht rückwärts – langsam – Ballen-Ferse

7. Schritt Rechten Fuß rückwärts – langsam – Ballen-Ferse

8. Schritt Linken Fuß seitwärts – langsam – Ballen

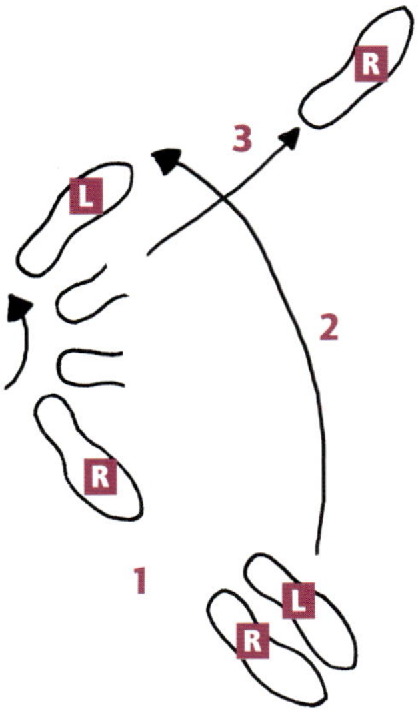

Der Rechtskreisel des Herrn beim langsamen Walzer.

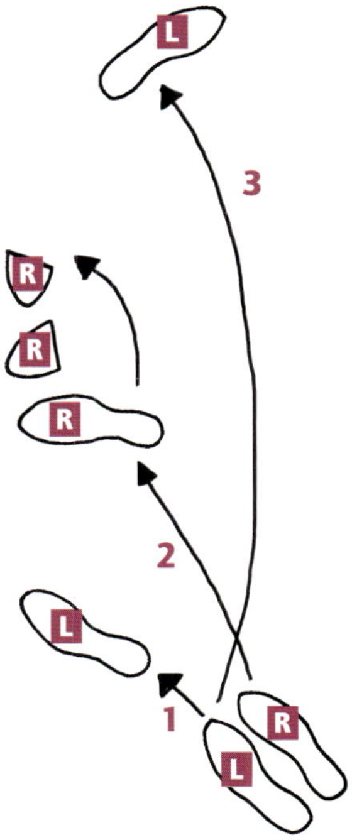

Der Rechtskreisel der Dame beim langsamen Walzer.

9. Schritt Rechter Fuß schließt zum linken Fuß – langsam – Ballen-Ferse

Der Rechtskreisel der Dame

1. – 3. Schritt wie im ersten Teil der Rechtsdrehung
4. Schritt Rechten Fuß vorwärts – langsam – Ferse-Ballen
5. Schritt Linken Fuß rückwärts – langsam – Ballen
6. Schritt Rechten Fuß vorwärts, leicht seitwärts – langsam – Ballen-Ferse
7. Schritt Linken Fuß vorwärts – langsam – Ferse-Ballen
8. Schritt Rechten Fuß seitwärts – langsam – Ballen
9. Schritt Linker Fuß schließt zum rechten Fuß – langsam – Ballen-Ferse

Quickstepp (Foxtrott)

Der Foxtrott wird am Platz getanzt; charakteristisch sind die schnellen, kontrolliert fließenden Bewegungen, die durch den Wechsel von »slow«- und »quick«-Schritten und das rasche Tempo von 52 Takten pro Minute beherrscht werden. Der Slowfox ist die dem Blues ähnliche langsame Variante des Foxtrotts. Die Schrittfolge des hier gezeigten schnellen Quickstepp passt zu jeder Musik im Viervierteltakt und lässt sich auch auf kleinstem Raum tanzen. Um beim Foxtrott nicht aus dem Rhythmus zu kommen, sprechen Sie in Gedanken die Schritte am besten mit. Die Damen: »rück, rück, seit, Schluss, vor, vor, seit, Schluss.« Die Herren: »vor, vor, seit, Schluss, rück, rück, seit, Schluss.«

Der Grundschritt der Dame

Ausgangsposition: Rücken zur Wand
1. Schritt Rechten Fuß rückwärts setzen – langsam
2. Schritt Linken Fuß rückwärts setzen – langsam
3. Schritt Rechten Fuß seitwärts setzen – schnell
4. Schritt Linker Fuß schließt neben rechten Fuß – schnell
5. Schritt Rechten Fuß vorwärts setzen – langsam
6. Schritt Linken Fuß vorwärts setzen – langsam
7. Schritt Rechten Fuß seitwärts setzen – schnell
8. Schritt Linker Fuß schließt neben rechten Fuß – schnell

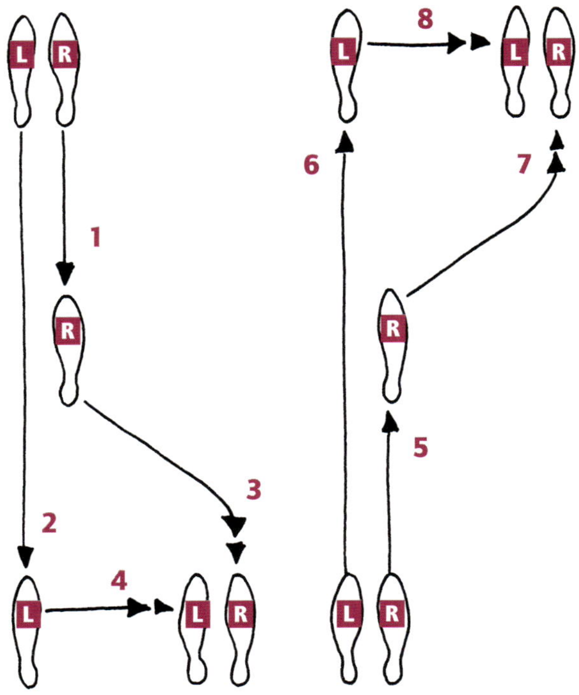

Der Grundschritt der Dame beim Quickstepp: Dieser Grundschritt kann bei jedem »Seit-Schluss« leicht gedreht werden; so kommen Sie mehr vom Platz.

Der Grundschritt des Herrn

Ausgangsposition: Gesicht zur Wand

1. Schritt Linken Fuß vorwärts setzen – langsam

2. Schritt Rechten Fuß vorwärts setzen – langsam

3. Schritt Linken Fuß seitwärts setzen – schnell

4. Schritt Rechter Fuß schließt neben linken Fuß – schnell

5. Schritt Linken Fuß rückwärts setzen – langsam

6. Schritt Rechten Fuß rückwärts setzen – langsam

7. Schritt Linken Fuß seitwärts setzen – schnell

8. Schritt Rechter Fuß schließt neben linken Fuß – schnell

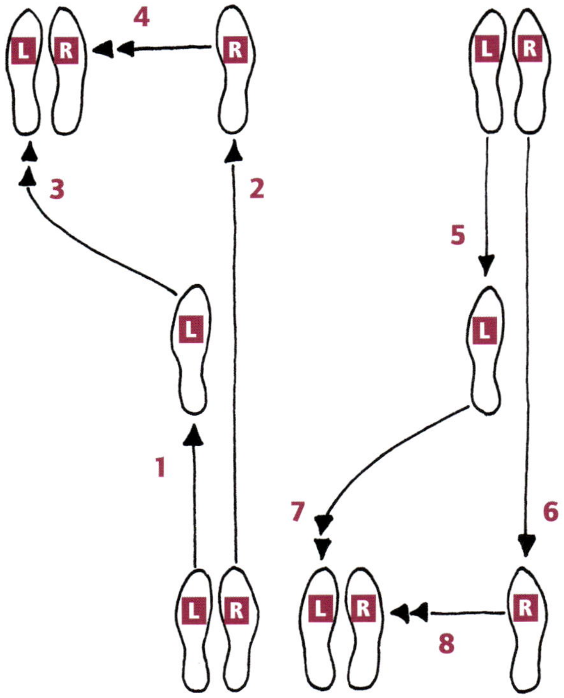

Der Grundschritt des Herrn: Die ersten vier Schritte können Sie auch mehrere Male wiederholen und beliebig aneinander reihen.

Rumba

Die Rumba ist ein ruhiger lateinamerikanischer Tanz. Sie steht im Viervierteltakt und wird mit 30 Takten pro Minute getanzt. Bei lateinamerikanischen Tänzen hält der Mann seine linke Hand (und die rechte seiner Partnerin) etwas höher als bei Walzer und Foxtrott. Auch die Hüften kommen bei der Rumba zum Einsatz: Wenn der rechte Fuß aufgesetzt wird, bewegt sich die rechte Hüfte nach außen. Wenn der linke Fuß aufgesetzt wird, bewegt sich die linke Hüfte nach außen. Die Rumba kann in zwei Schrittformen getanzt werden: die Carré- und die Wiegeform. Wir stellen Ihnen hier die interessantere Wiegeform vor. Zwischen den Schritten 2 und 3 beziehungsweise 5 und 6 liegt hier der Wiegeschritt.

Der Grundschritt der Dame

Ausgangsposition: Rücken in Tanzrichtung

1. Schritt Linken Fuß seitwärts – langsam
2. Schritt Rechten Fuß schräg rückwärts setzen – schnell
3. Schritt Linken Fuß am Platz belassen – schnell
4. Schritt Rechten Fuß seitwärts setzen – langsam
5. Schritt Linken Fuß vorwärts setzen – schnell
6. Schritt Rechten Fuß am Platz belassen – schnell

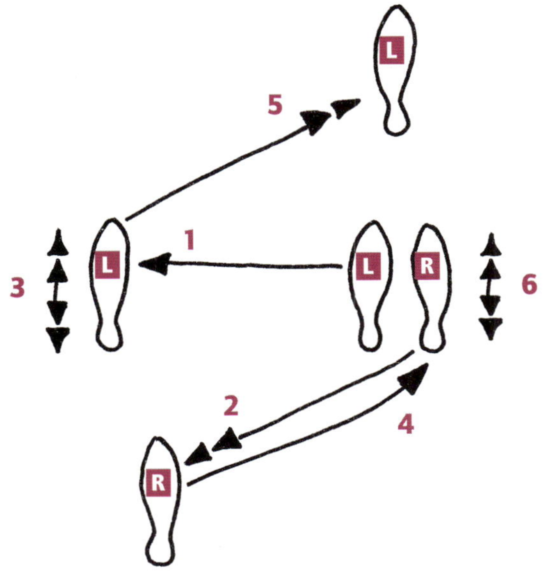

Die Schritte beschreiben den Grundschritt der Dame bei der Rumba (Wiegeform).

Der Grundschritt des Herrn

Ausgangsposition: Gesicht in Tanzrichtung

1. Schritt Rechten Fuß seitwärts setzen – langsam
2. Schritt Linken Fuß schräg vorwärts setzen – schnell
3. Schritt Rechten Fuß am Platz belassen – schnell
4. Schritt Linken Fuß seitwärts setzen – langsam
5. Schritt Rechten Fuß rückwärts setzen – schnell
6. Schritt Linken Fuß am Platz belassen – schnell

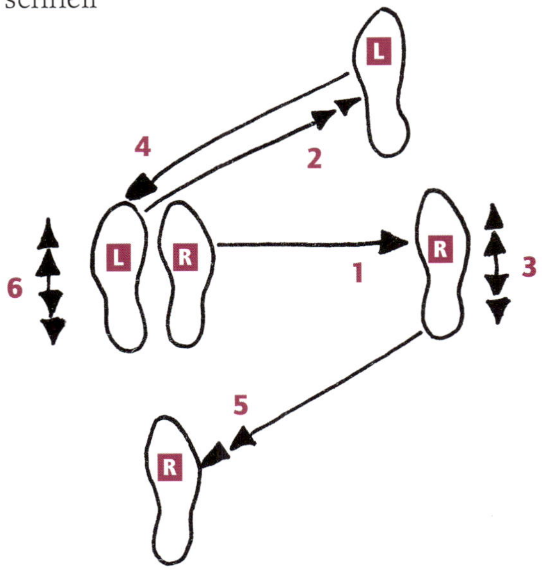

Die Schrittfolge des Herrn bei der Wiegeform der Rumba; Grundschritt.

Zum Nachschlagen: Adressen und nützliche Infos

Von Flensburg bis Garmisch: eine Auswahl schöner Standesämter

Wessen heimisches Standesamt zu den architektonischen Verirrungen zählt oder wer sich an diesem Tag etwas ganz Besonderes gönnen möchte, findet nachfolgend einige (Flucht-)Möglichkeiten.

Standesamt Berlin-Mitte

Trauung auf einem Schiff auf der Spree, im Palais am Festungsgraben im Schinkelsaal, auf dem Fernsehturm, in der Straßenbahn oder im Oldtimer-Bus unter dem Brandenburger Tor …
Tel.: 030/2 47 41 20-04 oder -05

Standesamt Kappeln

Jawort in einer Windmühle: Seit mehr als zwanzig Jahren schließen Paare mit dem Sinn für das Besondere hier ihren Bund fürs Leben.
Tel.: 0 46 42/1 83 21

Standesamt Hofgeismar

Wenn es ein Dornröschenschloss sein soll, sind Sie beim Schlosshotel Sababurg an der richtigen Adresse.
Standesamt Hofgeismar,
Tel.: 0 56 71/99 90 00
Schlosshotel Sababurg,
Tel.: 0 56 71/80 88, Fax: 0 56 71/80 82 00

Stadtschloss Fulda

Fürstliche Trauung im Stil des Rokoko mit wertvollen Seidentapeten und aufwändigem Stuckwerk
Tel.: 06 61/10 20, Fax: 06 61/10 27 75

Altes Rathaus in Bonn

Im Bürgermeisterzimmer wurden zu Hauptstadtszeiten die hohen Staatsgäste empfangen.
Tel.: 02 28/7 71

Schloss Bieberich in Wiesbaden

Genau das richtige Ambiente für Romantiker, mit wundervollem Blick über den Rhein.
Tel.: 06 11/31 91 19, Fax: 06 11/31 39 82

Rathaus Heidelberg

Eines der landesweit schönsten Trauzimmer bietet das Heidelberger Rathaus.
Tel.: 0 62 21/58 18 51

Theater Baden-Baden

Der prunkvolle Spiegelsaal des Baden-Badener Theaters ist für den Beginn eines neuen Lebensabschnitts genau das Richtige.
Tel.: 0 72 21/93 21 60

Standesamt Konstanz

Im ehemaligen Zunfthaus der Weber und Krämer – unter einem Kreuzgewölbe und

inmitten uralter Eichenmöbel – finden heute Trauungen statt.
Tel.: 0 75 31/90 03 70

Landsberg am Lech

Das hübsche Städtchen am Lech bietet gleich zwei Schauplätze für eine stimmungsvolle Hochzeit: das stuckverzierte Trauzimmer des alten Rathauses und den Mutterturm, der einst dem Maler Hubert von Herkommer als Sommerdomizil diente.
Tel.: 0 81 91/12 82 47

Feiern im Schloss

Adressen speziell für Feste in Schlössern finden Sie darüber hinaus im Prospekt der Hotelvereinigung »Gast im Schloss«, Postfach 120620, D-68057 Mannheim, Tel.: 06 21/12 66 20.

Hochzeitsfeiern auf dem Wasser

Berlin

Salonmotorjacht »Hugo Reinicke« und verschiedene Museumsschiffe
Tel.: 0 30/24 74 12 00

Berlin (Müggelsee)

Schiffe der Stern- und Kreuzschifffahrt
Tel.: 0 30/65 84 25 54

Bremen

Die Kreuzfahrtschiffe »Calypso« und »Astor« stehen für Hochzeiten zur Verfügung
Tel.: 04 21/3 33 60

Bremen-Vegesack

Schulschiff »Deutschland«
Tel.: 04 21/65 96

Bremerhaven

Museumsbark »Seute Deern«
Tel.: 04 71/9 46 46 10

Düsseldorf

Nostalgischer Schaufelraddampfer »Mississippi Queen« (150 bis 500 Personen) und futuristischer Cruiser »Jules Vernes«
Tel.: 02 11/57 03 07, Fax: 02 11/58 99 31

Emden

Kapitänsmesse auf dem Museumsfeuerschiff »Deutsche Bucht« (200 Personen)
Tel.: 04921/87481, Fax: 0 49 21/8 75 99

Essen

Motorschiff »MS Heisingen«
Tel.: 02 01/78 83 34 36

Hamburg

Schiffe »Hans Albers«, »Falkenstein«, »Goldbek« und »Rodenbek«
Tel.: 0 40/35 74 24 15

Hameln

Hochzeitsdampfer »MS Hameln« der Oberweser Dampfschiffahrt
Tel.: 0 51 51/2 20 16, Fax 0 51 51/2 30 40

Kiel

Museumsschiff »Kiel« (85 Personen), Motorschiff »Forelle« (22 Personen) und Windjammer »Mary Ann«
Tel.: 0431/9010 oder
Touristeninformation, Tel.: 0431/679100,
Fax: 0431/675439

Langballigau

Traditionssegelschiff von 1920
Tel.: 04636/880

Lübeck/Travemünde

Viermastbark (ein Segelschiff) »Passat«
Tel.: 0451/1223400,
Fax: 0451/1223490

Mülheim/Ruhr

Schiffe »Heinrich Thöne« (120 Personen) und »Mülheim an der Ruhr« (90 Personen)
Tel.: 0208/4553402
Fax: 0208/4553499

Starnberger See

Staatliche Schifffahrt Starnberger See
Tel: 08151/12023

Wasserburg am Bodensee

Blumengeschmücktes Fischerboot
Tel.: 08382/887474, Fax: 08382/89042

Freiberufliche Theologen

Hermann J. Bayer, Tel.: 0711/556811; vorwiegend in Baden-Württemberg tätig

Klaus Behner, Tel.: 040/445383

Johannes Holzach, Tel.: 0621/562364

Jochen Jülicher, Tel.: 0228/265726

Friederike Keck, Tel.: 0711/4077165, vorwiegend in Baden-Württemberg tätig

Adalbert Linowski, Tel.: 02255/31299

Gerhard Mühlbauer, Tel.: 089/74665174

Anita Schuldt, Tel.: 06055/909767

Klaus Schwab, Tel.: 09191/33369

Albrecht Wengert, Tel.: 07071/440110

Internet-Adressen rund ums Heiraten

Allgemeine Informationen

http://www.braut.de (sehr gute Adresse mit Infos und vielen Tipps zu allen Themen rund ums Heiraten)

http://www.hochzeitsseite.de (sehr gute Seite mit den verschiedensten Hochzeitsthemen)

http://www.weddix.de (Shop, Tipps und Infos rund ums Heiraten)

http://www.hochzeitsgalerie.de (Tipps rund ums Heiraten)

http://www.onlinehochzeit.de
(sehr viele gute Adressen, Tipps und Chat)

http://www.abc-der-hochzeit.de (Infos rund ums Thema Hochzeit)

http://www.hochzeitstage.de (Ratgeber, Messen, Branchen etc.)

http://www.kroenung.de/credobox (Infos zur kirchlichen Trauung)

http://www.wedding-and-more.com (Infos rund ums Heiraten)

http://www.web-art.ch/hochzeit.html (Schweizer Adresse mit Hochzeitsinfos)

http://www.wir-heiraten.ch (Schweizer Adresse mit regionalen Infos)

http://www.traumhochzeit.at (österreichische Adresse mit vielen Infos)

http://wirheiraten.at (alles zum Thema Hochzeit in Österreich)

http://www.andreas-iber.onlinehome.de/Trauung.htm (Gestaltung von kirchlichen Hochzeitsfeiern)

http://www.unsertag.de (viele Tipps und Anregungen zum Thema Hochzeit)

http://www.alle-karten.de (Hochzeitskarten online bestellen und bedrucken lassen)

http://www.derschoenstetag.de (viele wertvolle Informationen zur Hochzeit)

http://feste-online.de (Hochzeitsseite mit interessanten Festreden und Spielen)

http://www.perfectday.de/main/Hochzeitsthemen.htm (Trausprüche, Rechtsfragen, Planungshilfen etc.)

http://www.brautkleid.com (Checkliste, Messetermine, Brautmoden, Horoskope)

http://www.traumtorten.de (Hochzeitstorten)

http://www.stelljes.de/leder (Familienstammbücher)

Brautmode

http://www.brautmode.com (Brautmode, Festkleidung, Händler und Service)

http://www.hochzeitstage.de (Messeplaner)

http://www.brautkleid.com (Brautmodenschau-Termine)

http://www.braut.de/pht/stock3.html (große Auswahl an Brautmodeadressen zum Weitersuchen)

http://www.brautkleid.at (Brautmodehäuser in Österreich)

http://www.secondhand-brautmode.ch (Brautmode aus zweiter Hand, Schweizer Adresse)

http://www.hochzeitshaus.de (Brautmoden und Festkleidung für alle Beteiligten)

Hochzeitsautos

http://www.oldtimervermietung.de (Oldtimer mieten)

Planung der Hochzeitsfeier

http://www.braut.de/pht/l-check-all.html (Hochzeitsplan, in Zeiträume untergliedert)

http://www.hochzeitsmanager.de (Hochzeitsplanung mit Hilfe einer CD-ROM)

http://www.just-married.de (Hochzeitsführer)
http://www.anders-heiraten.de (Homepage von Jochen Jülicher, freier Theologe)

http://www.creativhochzeit.de (Hochzeitsservice)

http://www.bestwedding.ch (Schweizer Hochzeitsservice)

http://www.abenteuer-hochzeit.de (außergewöhnliche Hochzeitsideen)

http://www.fuerimmer.com (Planer, Checklisten etc., sehr umfangreich)

Tipps für die Hochzeitszeitung

http://feste-online.de (viele interessante Beiträge zur Gestaltung einer Hochzeitszeitung)

http://www.hochzeitscartoon.de (Bilder und Inhalte für die Hochzeitszeitung)

http://www.dominik-meyer.de (Tipps rund um die Hochzeitszeitung)

http://hochzeitszeitung-online.de (Gestaltung von Hochzeitszeitungen)

http://123-hochzeitszeitung.de (Gestaltung von Hochzeitszeitungen)

http://www.spruecheportal.de/hochzeit (Gestaltung von Hochzeitszeitungen)

http://www.yellow-effects.de/trauteuch/zeitung.htm (Tipps zur Gestaltung einer Hochzeitszeitung)

Fotografen

http://www.onlinefotograf.de (Hochzeitsfotos)

http://www.gabi-kopp.de (Hochzeitsbilder auf CD-ROM)

Musik und andere Darbietungen

http://members.aol.com/synthjacob/hoch zeit/index.htm
(Hochzeits-CD der Sängerin Lena Romanoff)

http://www.santiago.de (Band aus dem Rhein-Main-Gebiet)

http://www.revanche.com (Musikband, 86860 Jengen)

http://www.sispro.de/sebald/band (Kirchenband aus 97332 Volkach)

http://www.meck.de (Künstleragentur, die auch Bands, Alleinunterhalter, Clowns usw. für Hochzeiten vermittelt)

http://www.wedding-and-more.com/musiker/index.htm (Kontaktmöglichkeiten und diverse Verweise)

http://www.web-art.ch/mfp2 (Hochzeitsmusik und weitere Künstler in der Schweiz)

http://www.dohr.de/edition_dohr/instrumente/taste/orgel_h.htm (Hochzeits-CD)

http://www.fetenhit.de/Veranstaltungx.html (mobile Diskothek im Raum Hannover)

http://www.mycity.at/matrimonio (Sopran, Orgel und Trompete; Musik für kirchliche Trauungen in Österreich, Bad Vöslau)

Hochzeit im Ausland

http://www.hochzeit.com (Las Vegas, Hawaii ...)

http://www.honeymoon-highlights.de (großes Angebot für Trauungen im In- und Ausland)

http://dan-heirats-service.de (Heiraten in Dänemark)

http://www.mallorca-hochzeiten.de (Heiraten auf Mallorca)

http://hochzeit.com/mauilanihochzeit/index.html (Südseeträume ...)

Sonstiges

Tina Coloured Shoes färben Ihre Schuhe und Taschen in über 1000 verschiedenen Farben:
Duisburger Str. 63 a
D-46446 Emmerich
Tel.: 02822/92840.

Feiern im Gewächshaus:
Botanikum, Feldmochingerstr. 79-85
D-80993 München
Tel.: 089/1411715

Büro- und Druckzentrum
Herzog-Wilhelm-Str. 27
80331 München
Tel.: 089/2608100

Drucksachen rund ums Heiraten:
Druckerei Braut & Bräutigam Select,
Hörsterstr. 52
D-48143 Münster
Tel.: 0251/418530

Brautmode Horn
Sonnenstr. 23
80331 München
Tel. 089/5521470

Die Autorin

Marlene Weinmann, Jahrgang 1967, lebt und arbeitet in München und Wien. Als freie Journalistin und Autorin veröffentlichte sie bereits zahlreiche Publikationen in der Fach- und Publikumspresse zu Themen aus Psychologie, Ethnologie und Soziologie.

Der Illustrator und Fotograf

Sascha Wuillemet, geboren 1971 in Ratingen, veröffentlichte bereits mit 18 Jahren erste Karikaturen. Danach illustrierte er Kinder- und Fachbücher. Seite 1995 arbeitet er freischaffend für Verlage und verschiedene Unternehmen aus den Bereichen Werbung, Mode und Industrie in München.

Haftungsausschluss

Die Inhalte dieses Buches sind sorgfältig recherchiert und erarbeitet worden. Dennoch kann weder der Autor noch der Verlag für die Angaben in diesem Buch eine Haftung übernehmen.

Quellennachweis

Seite 62: Erich Fried, Was es ist. Aus: *Erich Fried,* Es ist was es ist, Verlag Klaus Wagenbach, Berlin 1983, NA 1996

Der Quellennachweis wurde nach bestem Wissen und Gewissen erstellt. Sollten trotzdem Urheberrechte übersehen worden sein, geschah dies ohne Absicht. Der Verlag ist selbstverständlich zu einer Nachhonorierung bereit. Der Quellenvermerk in der zweiten Auflage wird dann entsprechend ergänzt werden.

Bildnachweis

Titelbild: Picture Press Bild- und Textagentur GmbH, Hamburg: Bokelberg
Innen: Alle Illustrationen und Fotografien von Sascha Wuillemet außer: S. 129 PhotoDisc, Hamburg/Seattle; S. 131 PhotoAlto, Paris (Rozenbaum & Cirou)

Impressum

Weltbild Buchverlag -Originalausgaben-

Redaktion: Bettina Gratzki
Projektleitung: Friederike Lutz
Umschlag: X-design, München
Illustrationen und Fotografien: Sascha Wuillemet, München
Layout und DTP/Satz: Dirk Risch, München und Lydia Koch, Augsburg
Reproduktion: Typework Layoutsatz & Grafik GmbH, Augsburg
Druck und Bindung: Druckerei Appl, Wemding
Gedruckt auf chlorfrei gebleichtem Papier

Printed in Germany
ISBN 3-89604-349-8

Stichwortverzeichnis